Frühlings-Werkstatt
© 2014 Wehrfritz GmbH, JAKO-O GmbH
Alle Rechte vorbehalten.

Konzept, Texte und Anleitungen: Karin Kinder
Bastel-Ideen und Muster: Karin Kinder, Elke Sauer, Nadine Romankiewicz
Zeichnungen und Schnitte: Karin Kinder, Michaela Braun, Nadine Romankiewicz
Grafische Gestaltung: Ursula Noack
Lektorat: Christine Diezel
Fotografie: Studio für Fotografie Dieter Ertel, kakigraphie Karin Kinder

Bestell-Nr.: 070379
ISBN: 978-3-941805-40-8
Die im Buch enthaltenen Bastel-Ideen und Texte dürfen nicht gewerblich genutzt werden.

Die Sachenmacher

FRÜHLINGS-
WERKSTATT

Ein Bastelbuch mit CD-ROM von Wehrfritz und JAKO-O

Die Sachenmacher

Inhalt

| TIERFREUNDE | GARTEN&BALKON | DEKORATION |

S. 20

S. 30
S. 40

S. 52
S. 48

12 Nisthöhle
13 Vogeltränke
14 Holzvögel
15 Futterturm
16 Schmetterling
17 Marienkäfer-Turm
18 Wannenteich
19 Seerosen
20 Libellen
21 Schwimmfrosch

22 Frühlings-Memory
23 Holzblumen
24 Pflanzen-Kinderstube
24 Herr Grabowsky
25 Garten-Tagebuch
25 Pflanzen-Schilder
26 Mosaik im Garten
28 Rundherum Draht
30 Gartenelfe
31 Frühlings-Trio
32 Windblumen
34 Mooskunst
36 Sonnenuhr
37 Mosaiktulpen
38 Märchenlicht
39 Abendlichter
40 Astlaternen
41 Astvögel
42 Schmuck für Beet und Blumenkasten
43 Wir-sind-im-Garten-Gießkanne
44 Käferdecke
45 Käferhocker

46 Frühlingsfenster
48 Frühling aus der Restekiste
50 Topfblumen
51 Tulpe und Hase
52 Schneeglöckchen-Kinder
54 Mini-Maibaum
56 Dauerblüher: Häkelblümchen
57 Türwiese, Stoffblumen
58 Kreuzchen-Sticken
60 Ausmal-Schmetterlinge
60 Mucki Langohr
61 Graskranz
62 Frühlings-Leuchtgläser
64 Schmusekrabbler
65 Zwitscherlinge, Kissenfreund „Pieps"
66 Schichtblumen
68 Deko-Kronen
69 Riesen-Flatterlinge
70 Floristik
72 Noch mehr Kränze

Ich gehör' zu DEKORATION!

Ich auch!

S. 64

OSTERN

- 74 Pullover-Tiere
- 76 Häschen-Schule
- 78 Mosaik-Eier, Knopf-Eier
- 79 Eierschalen-Mosaik, Eier der Welt
- 80 Eier marmorieren, Eiermützen
- 81 Eier-Mal-Tipps, Eierbrummer, Zimmergärtchen
- 82 Tüpfel-Eier, Häkel-Eier
- 83 Knet-und Drück-Eier
- 84 Klatsch- und Patsch-Eier, Möhrenflitzer
- 85 Titsch- und Drück-Stecker
- 86 Familie Kuschel
- 88 Flechterei
- 89 Ostersonnen
- 90 Eierkrone, Eierkränze
- 92 Filzer-Ei: Körbchen mit Bienen
- 93 Hühnerhof, Tischhase, Filz-Eier
- 94 Fräulein Lenz
- 95 Schnippelwiese
- 96 Tulpenketten, Hasengirlanden
- 97 Lustige Papierfiguren
- 98 Knautsch- und Patsch-Eier, Vasenhase
- 99 Holzhennen
- 100 Drucker-Ei
- 102 Füll-Tiere
- 103 Vasen-Kleider, Eierkerzen
- 104 Natürlich färben, Meister Lampe
- 106 Anziehhasen, Kleine Krabbler
- 107 Sammelrahmen, Filtertüten-Tulpen
- 108 Kritzel-Schnippel-Knüll-Mosaik, Flechteier
- 109 Hasenhügel, Schnippel-Eier
- 110 Papiergärtchen
- 111 Holzfiguren
- 112 Häkel-Eier
- 113 Nesthocker, Fingerhühnchen, Narzissen

MUTTERTAG

- 114 Herzkiste
- 115 Herz-Bilderrahmen, Schachtelkäfer und Schiebeherz, Mosaikherzen
- 116 Geschenke von Herzen
- 118 Liebespost
- 119 Brieffreunde

FRÜHLINGS-PARTY

- 120 Frühlingsfest
- 121 Tischdecke und Becherblume
- 122 Blumenkränzchen, Falterlinge
- 123 Flechtkörbe aus Papier Dauerblüher: Tulpen
- 124 Frühlingslaternen
- 125 Leuchtscheiben, Leuchttulpen
- 126 Festgirlande
- 127 Rezepte und Spiele

Rezepte

- 34 Mooskuchen
- 60 Fit-Bombe
- 67 Süße Naschblumen
- 75 Grüne Soße
- 79 Eier-Brotaufstrich
- 80 Kinder-Eierpunsch
- 83 Enpolvados
- 84 Oster-Pralinen
- 96 Frühlingslimonade
- 98 Sprossen
- 116 Veilchen-Zucker
- 121 Maibowle ohne Alkohol
- 126 Giftgrüne Wiesensuppe, Wiesen-Dip
- 127 Gänseblümchen-Wackelpudding
- 128 Löwenzahn-Salat, Löwenzahn-Quark

Wir sehen uns gleich. Viel Spaß!

Frühling

Frühlingsduft
in der Luft.

Blumen sprießen –
Menschen niesen.

Hasen lauschen –
Winde sausen.

Teiche krachen –
Kinder lachen.

Vögel singen –
Knospen springen.

Bienchen summen –
Käfer brummen.

Frische Lüftchen –
Frühlingsdüftchen.

Sonne scheint –
Schneemann weint.

Schnee sagt Tschüs –
warme Füß.

Mützen weg –
Lehmerleck.

Rollschuhlaufen –
draußen raufen.

Meisen zwitschern –
Tropfen glitzern.

Blüten riechen –
Schnecken kriechen.

Hummel fliegt –
Sonne siegt.

Löwenzahn –
lach mich an.

Himmelschlüssel –
Bienenrüssel.

Schmetterling –
Metterschling.

Himmel blau –
Luft ist lau.

Heißassa –
Frühling da!

Wir wünschen allen Sachenmachern eine kreative Frühlingszeit!

In diesem 5. Band der Sachenmacher-Bastelwerkstatt-Reihe gibt es viele Ideen aus Holz, Papier oder Filz, die Lust machen, gleich loszubasteln: also die Scheren geschliffen, das Sägeblatt gespannt, die Nähmaschine geölt, den Bleistift gespitzt und Druckerpapier gekauft, denn alle Schnitte, Faltanleitungen und Bastelspicker gibt es zum Ausdrucken auf der CD-ROM.
Außerdem kann man dort Wissenswertes zu verschiedenen Basteltechniken nachlesen.
Es gibt „Vorlagen für Frühlings-Motive" und ein „Frühlings-Memory" mit schönen Fotos zum Ausdrucken, einen „Häkelkurs für Anfänger" und viele „Tipps für kleine Gärtner", damit im Frühling nicht nur das Gras, sondern auch der berühmte grüne Daumen wachsen kann.

Karin Kinder und das Team aus der Sachenmacher-Werkstatt

ENDLICH FRÜHLING

Wissenswertes rund ums Basteln

SCHNITTE ÜBERTRAGEN

Die Schnittvorlagen nach Belieben vergrößern oder in Originalgröße von der CD-ROM ausdrucken. Vorlagen ausschneiden und Schnittkanten mit dem Bleistift umfahren oder schwarzes Kohlepapier unterlegen und Konturen mit einem Kugelschreiber übertragen.

VERGRÖSSERN MIT EINEM RASTER

Vorlage rastern: Mit Lineal und Bleistift auf der Vorlage waagerechte und senkrechte Linien im 1-cm-Abstand ziehen. Je nach gewünschter Motivgröße Rasterlinien auf Papier ziehen (z. B. 3 x so groß = Linienabstand 3 cm), Schnittzeichnung Kästchen für Kästchen von der Vorlage auf den Papierschnitt übertragen.

SCHNITTE AUF DER CD-ROM

Alle Schnittvorlagen aus diesem Buch sind auch auf der beiliegenden CD-ROM, meist in Originalgröße. Sie können also bequem am Computer ausgedruckt und anschließend zusammengeklebt werden.

Außerdem gibt's auf der CD-ROM noch jede Menge Basteltipps und Informationen zu verschiedenen Basteltechniken. Also Reinklicken lohnt sich!

KLEBER-ERKLÄRUNG:
- Bastelkleber: Wehrfritz-Bastelkleber
- Alleskleber: tesa-Alleskleber stark + schnell, Uhu extra
- Papierkleber: Wehrfritz-Klebestift
- Weißleim: Wehrfritz-Bastelkleber
- Holzleim: Wehrfritz-Bastelkleber, Ponal express

KLEBEN UND SCHNEIDEN

● **Papier-Klebeband**
ist absolut wasser- und reißfest und eignet sich dadurch gut für Pappmachéarbeiten, die anschließend bemalt werden.

● **Krepp-Klebeband**
lässt sich leicht ablösen und ist deshalb für kurzfristiges Verbinden ideal.

● Ein preiswerter **Papierkleber** ist dünnflüssig angerührter Tapetenkleister.

● Mit **Dispersionsbastelkleber** kann man Textilien versteifen, Mörtel herstellen (z. B. mit Sand vermischen), Bücher mit Schmuckpapier einbinden und lösungsmittelfreie Farben wasserfest machen.

● **Lösungsmittelhaltige Klebstoffe**
... verbinden rasch, härten schnell aus.
... eignen sich fürs Verkleben von Materialien, die nicht saugfähig sind oder deren Oberfläche leicht „angelöst" werden muss.
... sind für Moosgummi, Glas, Leder, Terrakotta verwendbar.

● **Lösungsmittelfreie Klebstoffe (Wasserbasis)**
... trocknen langsam.
... sind für einfache Bastelarbeiten verwendbar.
... eignen sich für Papier, Filz, Holz, Stoffe, Styropor.
... verursachen auf weichem Papier manchmal Wellen.

Für verschiedene Basteltechniken gibt es verschiedene **Scheren:** Stoffscheren, Drahtscheren, Zick-Zack- und Wellenscheren, Pappscheren, Papierscheren. Stoffscheren werden stumpf, wenn sie zum Papierschneiden benutzt werden!

● **Der richtige Umgang mit dem Cutter**
Immer auf einer Arbeitsunterlage arbeiten und vom Körper wegwärts schneiden. Wird für gerade Schnitte ein Lineal als Schiene benutzt, unbedingt darauf achten, dass sich die Fingerkuppen hinter der Schnittlinie befinden. Wenn die Klinge stumpf ist, die Oberkante mit einer kleinen Zange vorsichtig abbrechen.

GARANTIERT BIO

● **Mehlkleister**
2 EL Mehl in ein Gefäß geben, langsam Wasser dazugießen und alles mit der Gabel kräftig verrühren, bis eine cremige Masse entstanden ist.
Dieser Kleber aus Mehl und Wasser ist Natur pur und klebt stabil Pappe, Papier, Holz und Stoff. Er eignet sich für viele Gestaltungstechniken. Eingefärbt mit Lebensmittelfarbe verleiht er Dingen aus Ton oder Modelliermasse einen glasurähnlichen, aber nicht wasserfesten Überzug. Mit Sand oder anderen Dingen vermischt kann man ihn auch als Strukturpaste auf Keilrahmen verwenden. Man kann ihn je nach Verwendungszweck dünn oder dick anrühren. Im Schraubglas hält er sich eine ganze Weile.

● **Papierkleber:**
Kirschbaum-Gummi-Kleber
Dazu braucht man Kirschbaumtränen. Das sind die weißen, gelben oder roten Harztropfen, die an verletzten Stellen der Kirschbäume austreten.

Ein Schraubglas zur Hälfte mit Wasser füllen, 2 - 3 Kirschbaumtränen hineinlegen und

über Nacht stehen lassen. Bis zum nächsten Morgen hat sich alles aufgelöst und ein selbst gemachter Gummikleber für alle Papiersorten ist entstanden, der nur noch gereinigt werden muss: Die Lösung durch ein feinmaschiges Sieb filtern. Ist die Masse zu dick, kann sie mit wenig Wasser verdünnt werden. Wer keine Kirschbaum-Tränen findet, kann stattdessen auch Perlen aus Gummi arabicum im Fachhandel für Künstler-Bedarf kaufen.

Experiment:
Papier mit Gummikleber bestreichen und trocknen lassen. Wird es wieder befeuchtet, klebt es wie eine gummierte Briefmarke!

HOLZBEARBEITUNG

● Laubsägearbeiten
Das Sägeblatt wird so in die Laubsäge eingespannt, dass die Zähne nach unten zeigen. Wenn die Säge beim ersten Schnitt nach unten geht, wird Druck ausgeübt. Geht sie nach oben, Druck lockern, dabei das Werkstück fest auf die Arbeitsfläche drücken oder mit Schraubzwingen befestigen.

Gleiche Teile aussägen
Holzplatten kantengenau aufeinanderlegen und alle Kanten mit einem Stück Klebeband verbinden. **Achtung!** Nicht in das Klebeband sägen. Das verschmiert die Sägezähne!

Öffnungen aussägen
Mit dem Handbohrer ein Loch ins Holz bohren. Sägeblatt an einer Seite ausspannen, durch das Loch führen, wieder einspannen und Öffnung aussägen, Sägeblatt lösen und ausfädeln.

● Sägen mit der Stichsäge
Dicke Holzbretter sägt man am besten mit der Stichsäge und einem Holzsägeblatt. Die Bretter werden mit Schraubzwingen am Arbeitstisch befestigt. Man sägt immer vom Körper weg und achtet darauf, dass das Kabel hinter der Säge liegt. Für genaues Sägen wird der Pendelhub ausgeschaltet.

Löcher sägen
Ein Loch in der Größe des Sägeblatts in die geplante Öffnung bohren, Sägeblatt hineinstecken, Säge anschalten und aussägen.

● Versäubern
Kanten mit Schleifpapier glätten. Gleich große Teile mit 2 Klebebandstreifen umwickeln, in den Schraubstock spannen und Kanten glätten.

● Bohren
Bohrlöcher anzeichnen und durchbohren. Große Löcher erst mit einem kleinen Bohrer vorbohren, damit das Holz nicht reißt. Für Bohrlöcher mit größerem Durchmesser (bis 50 mm) und geringer Tiefe braucht man einen Spezial-Holz-Forster-Bohrer mit niederem zylindrischem Schneidekopf und Zentrierspitze für ein genaues Ansetzen.

Tipp für senkrechte Bohrlöcher: Mit der Nasenspitze genau über dem Bohrloch arbeiten. Wer schief guckt, bohrt schief!

● Schrauben
Teile passend aufeinanderlegen. Durch das Bohrloch ein kleines Loch in das untere Holz bohren. Schraube eindrehen.
Tipp: Schrauben drehen sich leichter ins Holz, wenn man die Spitze vorher in ein Seifenstück steckt.

Vor dem Kleben und Bemalen Schleifstaub entfernen!
Holz abkehren und feucht abwischen.

Achtung: Schleifstaub von Spanplatten nicht einatmen! Atemschutzmaske aufsetzen!

● Kleben
Saubere Kanten mit Holzleim einstreichen (größere Flächen mit dem Pinsel), Teile fest zusammendrücken. Bis zum Trocknen in einen Schraubstock einspannen oder mit Klebeband fixieren.

Achtung: Schon bemalte Flächen müssen vor dem Kleben mit Schleifpapier aufgeraut werden.

● Gestalten mit dem Brennkolben
Mit dem Brennkolben kann man auf Holz und Leder zeichnen und schreiben.

Die Spitze wird sehr heiß. Deshalb soll das Gerät immer mit der Spitze schräg nach oben auf einem Ständer abgestellt werden. Man arbeitet immer vom Körper weg zur Seite hin und achtet darauf, dass das Kabel nicht mit der heißen Spitze in Berührung kommt. Es gibt verschiedene Einsätze zum Schreiben und Verzieren.
Vor dem Wechseln der Einsätze oder wenn sich die Spitze verbiegt, muss der Kolben abkühlen und der Stecker herausgezogen werden.
Wie Konturmittel beim Stoffmalen bremsen die entstandenen Linien dünnflüssige Farbe, die sich sonst auf der Holzoberfläche ausbreiten würde. Gebranntes Holz wirkt am schönsten mit einer Lasur aus Acrylfarbe, die mit viel Wasser verdünnt ist.

● Bemalen
Knallige Farben und klare Konturen erreicht man mit dickflüssiger Bastelfarbe, Plakatfarbe oder Acrylfarbe.
Eine Farbschicht als Grundierung auftragen. Nach dem Trocknen Schmuckfarben und Details aufmalen.

Lasur:
Verdünnte Farben werden vom Holz aufgesogen und verlaufen ineinander. Die Holzmaserung ist noch sichtbar. Sogar Seidenmalfarben eignen sich als Holzlasur. Sie dringen in die Fasern ein und sind nach dem Trocknen wischfest.

- **Schutzlack**

... auf Acrylbasis macht wasserdicht.

... auf Wasserbasis genügt in der Regel, ist aber nicht frostfest.

Bootslack wird verwendet für Dinge aus Holz, die dauernd jeder Witterung ausgesetzt sind. Zum Verdünnen und Pinselreinigen braucht man Terpentinersatz.

Tipp: Wasser-Lack aus der Sprühflasche
Eine leere Glasreiniger-Flasche heiß ausspülen. Klarlack auf Wasserbasis einfüllen, mit wenig Wasser verdünnen. Deckel aufschrauben, kräftig schütteln und gleich lossprühen.

Nach dem Lackieren den Deckel mit Düse und Schlauch gleich unter fließendem Wasser durchspülen, damit sich keine Lackreste festsetzen.
Den sauberen Schlauch bis zum nächsten Lackieren mit einem Gummiring außen an der Flasche befestigen.
Die Flasche wieder fest verschließen.

- **Grünholz schnitzen**

Fast alle Holzarten kann man in frischem Zustand (Grünholz) leicht schnitzen, weil das Holz noch im Saft steht und weich ist. So bleibt das Holz schnitzfrisch: Frische Holzstücke in einer Plastiktüte aufbewahren! Ab und zu lüften, damit es nicht schimmelt!

Schnitzmesser
Zum Schnitzen von einfachen Dingen genügt ein Bastelmesser, Kinderschnitzmesser oder Taschenmesser.
Die Messerklingen sollten von Zeit zu Zeit mit einem Schleifstein geschärft werden: Den Schleifstein vorher ein paar Minuten ins Wasser legen. Die Klinge ein paarmal an der feuchten Kante abziehen.
Damit die Klinge nicht stumpf wird, muss sie nach dem Schnitzen immer sauber abgewischt werden.

Schnitz-Tipps
- Das Messer immer vom Körper weg bewegen.
- Die Haltehand mit einem Arbeitshandschuh und die Oberschenkel mit einem Kissen schützen.
- Abstand zu anderen Menschen oder Tieren halten!
- Abgebrochene Teile mit Holzleim wieder ankleben und bis zum Trocknen mit Krepp-Band fixieren.

Trocknen
Geschnitzte Gegenstände aus Grünholz müssen langsam trocknen, damit sie nicht reißen! Deshalb nicht in die Sonne oder auf die Heizung legen.

Nachbearbeiten
Die Oberfläche mit Schleifpapier oder einem Schleifschwamm glätten.
Speiseöl, Holzwachs oder Lederfett mit einem weichen Lappen in das Holz reiben.

Mehr zum Thema „Holzbearbeitung" gibt es auf der CD-ROM.

Die lange Nase des lustigen Ast-Zwergs ist sogleich Landeplatz und Futterstelle für hungrige Meisen. In die weiche Rinde eines frisch geschnittenen Astes (Haselnuss, Vogelbeere oder Holunder) mit dem Schnitzmesser Muster einritzen und die Flächen teilweise entfernen.
Die Muster kann man vorher mit einem weichen Buntstift auf die Rinde zeichnen.

WISSENSWERTES

PAPIER

- **Tonpapier** ist farbig getöntes Papier mit einem Gewicht bis 135 g/m². Es ist vor allem geeignet, wenn Teile gefaltet oder Motive aufgeklebt werden.

- **Fotokarton** ist mit dem Gewicht von 300 g/m² stabil und dennoch nicht zu fest, sodass er sich noch gut bearbeiten lässt.

- **Tonkarton** liegt mit 220 g/m² und seinem Namen zwischen TONpapier und FotoKARTON.

- **Plakatkarton** ist noch etwas dicker als Fotokarton und wiegt 380 g/m².

- **Origamipapier** ist sehr dünn, leicht und stabil und lässt sich deshalb besonders fein falten.

- **Naturpapier** wie Elefantenhaut, Strohseide, Reis- und Bambuspapier eignet sich gut für beleuchtete Papierarbeiten. Papierkleber hält da oft nicht so gut wie Weißleim oder Bastelkleber.

- **Metallpapier und Metallkarton**
Je schöner Goldkarton glänzt, desto schwieriger ist die Kleberei. Manche Kleber lösen die Beschichtung auf. Manchmal hilft da nur doppelseitiges Klebeband, das in kleinen Stückchen auf der Klebefläche verteilt wird. Auf jeden Fall sollte man flüssigen Kleber auf Reststückchen erst einmal ausprobieren.

- **Papier falten**
Lineal an der Falzlinie anlegen, die Linie mit der Rückseite der Cutterklinge oder der Scherenspitze nachfahren. Papier umknicken und den Falz mit dem Fingernagel oder dem Falzbein gut ausstreichen.

- **Gleichzeitig mehrere Teile ausschneiden**
Mehrere Blätter aufeinanderlegen, auf das oben liegende Blatt die Vorlage auflegen oder den Schnitt aufzeichnen und alle Papierränder außerhalb der Schnittlinien mit dem Klammerhefter zusammenfügen. Zuerst alle Innenteile ausschneiden, dann die Außenkanten. Damit beim letzten Schnitt nichts verrutscht, können die bereits ausgeschnittenen Ränder mit Büroklammern zusammengehalten werden.

- **So klebt man Transparentpapier:**
- Ränder der Öffnungen mit Papierkleber bestreichen.
- Transparentpapierstücke grob zuschneiden und aufdrücken.
- Nach dem Trocknen das Papier außerhalb der Klebelinie mit dem Cutter vorsichtig einritzen, überstehendes Papier abbrechen und abziehen.

Oder
- das Papier außerhalb der Klebelinie nach innen falten und mit der Cutterspitze entlang der Faltlinien aufschneiden. Wenn man das abzuschneidende Stück dabei festhält, geht das ganz einfach.

FARBENINFO

- **Temperafarbe** ist sehr ergiebig. Sie eignet sich für großflächiges plakatives Malen, Schablonieren und einfache Drucktechniken. Die Farbe trocknet wischfest, ist aber nicht wasserfest und hält besonders gut auf Papier, Pappe, Holz oder selbsthärtender Modelliermasse.

- **Fingerfarbe** ist eine pastöse, deckende Farbe auf Wasserbasis. Besonders gut eignet sie sich für freies Malen mit dem Pinsel oder den Fingern. Sie trocknet rasch auf Papier, Pappe oder am Fenster. Spezielle Bitterstoffe machen die Farbe ungenießbar.

- **Acrylfarbe** ist eine leuchtende hochdeckende Kunstharzfarbe auf Wasserbasis. Man kann damit grundieren, schablonieren, Nass-in-Nass-Techniken anwenden oder reliefartig malen.
Sie haftet gut, trocknet rasch, ist wisch- und wasserfest und häufig auch witterungsbeständig. Eignet sich prima für Holz, Kunststoffe, Styropor, Metall, Pappe und Papier. Mit viel Wasser verdünnte Acrylfarbe eignet sich als Holzlasur.

- **Bastelfarbe**
Mit diesem Begriff ist jede Farbe gemeint, die sich für allgemeine Basteltechniken eignet, z. B. Plakatfarbe, Schulmalfarbe, Deckfarbe, Bastellack, Perlmuttfarbe, Biocolor-Farbe usw.

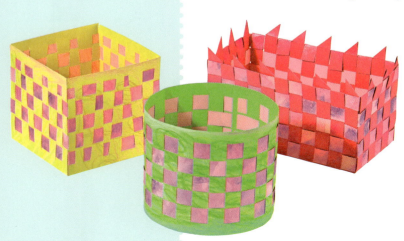

- **Konturenfarbe**
Zum Verzieren und Beschriften von Stoff, Filz, Holz, Papier, Glas und Kunststoff eignet sich Perlenmaker, Funliner und Glitterfarbe im Linerfläschchen. Fest gewordene Farbe kann mit ein paar Tropfen Wasser wieder flüssig geschüttelt werden. Von Zeit zu Zeit soll die Linerspitze sauber ausgewaschen werden.

- **Perlenmaker-Augen**
Zwei weiße gleich große Perlen auftupfen und sofort blaue oder grüne Pupillen in die noch nassen Perlen tropfen.
Tipp: **Bastel-Augen auf Vorrat**
Viele große und kleine Augen auf Folie tupfen und durchtrocknen lassen. Bei Bedarf von der Folie abziehen und mit Uhu extra festkleben.

- **Glitterfarbe selber machen**
Glimmer in Papierkleber einrühren und mit dem Trichter in ein leeres Liner-Fläschchen füllen.

- **Goldkontur selber machen**
Goldfarbe (z. B. Creall metall) in Weißleim einrühren und mit dem Trichter in ein leeres Liner-Fläschchen füllen.

- **Deco-Painter**
malen deckend auf Ton, Holz, Pappe, Gips, Modelliermasse und Metall.

- **Färben mit Naturhölzern** auf der CD-ROM.

Mehr zum Thema „Farben" gibt es auf der CD-ROM.

TEXTILGESTALTUNG

Aus Stoffen, die bemalt und mit Textilgestaltungsfolie bearbeitet werden, sollte vorher die Appretur herausgewaschen werden.

- **Filz** wird aus Woll- und Synthetikfasern unter feuchter Hitzeeinwirkung gewalkt und eignet sich zum Basteln (Schneiden, Kleben und Bemalen) und zum Nähen, Besticken und Applizieren.

- **Märchenwolle** ist gekämmte Wolle vor dem Filzen. Man kann damit Dinge umwickeln oder mit der Filznadel „trockenfilzen": Auf einer Unterlage aus Schaumstoff wird die auseinandergezupfte Wolle in mehreren Schichten kreuz und quer übereinandergelegt. Mit der Filznadel wird so lange hineingestochen, bis die Wolle miteinander verfilzt. Dabei wird das Filzstück mehrmals gewendet und in Form gebracht.

Mehr zum Thema „Filzen" gibt es auf der CD-ROM.

Einzelteile verbinden: Teile aufeinanderlegen und mit der Filznadel mehrmals von beiden Seiten durchstechen.
Beim Arbeiten ohne Unterlage muss man sehr vorsichtig durch die Wolle stechen. Die Fingerspitzen können mit Heftpflaster geschützt werden.

BOMMELN SELBER MACHEN
Das geht mit Pompon-Scheiben aus Kunststoff oder mit Pappscheiben (Schnitt auf der CD-ROM).
- Zwei Pappscheiben in der gewünschten Größe ausschneiden, aufeinanderlegen und den Rand dick mit Wollresten umwickeln.
- Die Wolle vorsichtig am Rand entlang aufschneiden, einen Garnfaden zwischen die Scheiben legen, fest zuziehen und verknoten. Die Enden kann man als Aufhänger hängen lassen oder kurz abschneiden.
- Die Scheiben abziehen und die Bommeln mit der Haarbürste aufkämmen und in Form schneiden. Besonders flauschig werden sie, wenn sie ein paar Minuten über heißen Wasserdampf gehalten werden – aber: Finger weg und stattdessen Kochlöffel benutzen!

Applizieren mit Bügelvlies

- Bügelvlies mit der beschichteten Seite auf Filz, Stoff, bemalte Seide oder Papier legen und festbügeln.
- Schnitte auf die Papierseite der aufgebügelten Stoffteile übertragen und Teile ausschneiden.
- Papier abziehen.
- Teile mit der Klebeseite nach unten auf den Stoff legen.
- Butterbrotpapier darüberlegen und alles gut festbügeln.
- Reste kann man für Verzierungen verwenden.

Textilgestaltungsfolie

- Konturen der Motive auf die beschichtete Seite der Textilgestaltungsfolie übertragen.
- Motive mit Buntstiften oder Wachsmalkreiden ausmalen. Besonders schön leuchten Stoffmalkreiden!
- Motive ausschneiden, mit der bemalten Seite auf den Stoff legen, mit Butterbrotpapier abdecken und jeden Abschnitt ca. 15 Sekunden lang mit Druck und höchster Temperatur (ohne Dampf) bügeln.
- Zum Schluss noch einmal alles überbügeln.
- Das heiße Papier abziehen. Wenn die Folie schon kalt ist und das Papier sich nicht mehr abhebt, noch einmal kurz darüberbügeln.
- Das fertige Stück ist bis 40 °C waschbar und sollte von links gebügelt werden.

> **MOTIVE AUF TEXTILGESTALTUNGSFOLIE AUSDRUCKEN:**
> Achtung! Das geht nur mit Druckern, die nicht so heiß werden! Besser im Copy-Shop machen lassen. Bilder direkt auf die Folie kopieren (Einstellung: schweres Papier!). Motive ausschneiden und auf Stoff bügeln wie oben.

Nähen mit der Nähmaschine

Stoff doppelt zuschneiden:
Stoff mit der rechten Seite nach innen aufeinanderlegen und mit Stecknadeln fixieren. Schnitt auflegen und feststecken. Mit füßchenbreiter Nahtzugabe (1 cm) ausschneiden, Schnitt entfernen und Teile mit Stecknadeln zusammenstecken.

Zusammennähen von links mit Nahtzugabe:
Die Stoffteile werden entweder am Rand entlang mit großen Stichen geheftet oder man steckt die Stecknadeln quer von außen so in die Teile, dass der Kopf mit dem Stoffrand abschließt und näht direkt über die Stecknadeln hinweg.
Stecknadeln entfernen, Arbeit wenden und Ränder ausbügeln. Damit bei Rundungen nach innen keine Beulen entstehen, schneidet man die Nahtzugabe stellenweise bis kurz vor die Naht ein.

Zusammennähen von rechts ohne Nahtzugabe: Teile aufeinanderstecken, mit Steppstichen füßchenbreit zusammennähen und die Ränder mit großen Zickzackstichen umsäumen.

STICKEN

(1) Der Vorstich
Stickrichtung von links nach rechts und von unten nach oben

(2) Der Hexenstich
Stickrichtung von links nach rechts

(3) Der Zick-Zack-Stich
Stickrichtung von links nach rechts und zurück

(4) Der Steppstich
Stickrichtung von rechts nach links

(5) Der Stielstich
Stickrichtung von links nach rechts

(6) Der Kreuzstich
Stickrichtung von links nach rechts und zurück

(7) Der Feston- oder Schlingstich
Stickrichtung von links nach rechts

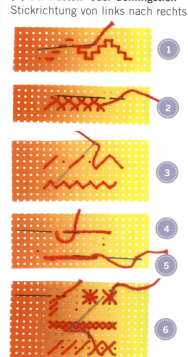

MOSAIK

Fast jeder saubere Untergrund lässt sich mit einem Mosaik aufmöbeln: Tische, Schranktüren, Spiegel- und Bilderrahmen, Blumentöpfe, altmodische Vasen, Teller und Kannen.
Aus Styroporformen (Kugel, Kegel, Würfel usw.) entstehen so ganz einfach künstlerische Objekte. Neben fertig zu kaufenden Mosaiksteinchen, Glasnuggets, Spiegelplättchen usw. kann man Knöpfe, bemalte Kronkorken, Schmuckperlen, Ton- und Spiegelscherben, kleine Steine und alles, was schön aussieht, verarbeiten.

● Glatte Mosaikflächen
- Steine mit wenig Abstand mit Silicon- oder Mosaikkleber auf die gereinigte Fläche kleben. Gut trocknen lassen.
- Fugenmasse anrühren: In 1 EL Wasser 2 EL Pulver einstreuen und gut umrühren. Kurz abbinden lassen.
- Die Masse mit einem Teigschaber über das Mosaik streichen. Überflüssige Masse abschaben und mit einem feuchten Schwamm abwischen. Gut trocknen lassen.
- Mit einem feuchten Schwamm über die Steine wischen, bis sie sauber sind.

● Schmuckflächen
- Gereinigte Fläche Stück für Stück mit Decoupaste bestreichen (Teigschaber, Messer oder Eisstäbchen) und Mosaikteile eindrücken.
- Kleckse gleich mit einem feuchten Schwamm entfernen.
- Nach dem Trocknen können die weißen Zwischenräume mit dünner Farbe bemalt werden.

● Mosaik auf bemalten Flächen
Steinchen mit Heißkleber oder Schmucksteinkleber aufkleben. Die Leimfädchen nach dem Erkalten mit einer Zahnbürste vorsichtig abbürsten.

● Mosaik auf Holz
Die Steinchen mit Weißleim auf die staubfreie Fläche kleben.

Wenn's glimmern soll: Zwischenräume und Ränder mit Glitterliner nachziehen.

MODELLIEREN

● **Lufttrocknender Ton** wird sehr fest. Man kann ihn nach dem Trocknen noch bearbeiten: feilen, schleifen oder ritzen. Zum Bemalen eignen sich alle Farben. Einen glasurähnlichen Charakter erzielt man mit Acrylfarben und Perlmuttfarben.

● **Gipsbinden** werden nach dem Trocknen sehr hart und können bemalt und lackiert werden.
Mit einem Bootslack-Überzug wird das Gipsobjekt wetterfest.
Gipsbinden in passende Stücke schneiden und in einer Schale trocken aufbewahren. Sie dürfen vor dem Verarbeiten nicht nass werden!
Man legt sie in 3 - 4 Schichten über eine Form: Luftballon, Karton, Papprohre, Drahtgeflecht, Plastikschüssel o. Ä. Soll die Form nach dem Trocknen wieder entfernt werden, wird sie vor dem Eingipsen mit Plastikfolie belegt.

● **Dauerknetmasse** ist umso geschmeidiger, je höher der Wachsanteil ist. Sie bleibt dauerhaft formbar und wird häufig mit Lebensmittelfarbstoffen gefärbt. Für die Arbeit mit Kindern sollte Knete keine Weichmacher enthalten.

● **Selbsthärtende Modelliermasse** ist ideal für einfache Töpferarbeiten, da sie an der Luft aushärtet. Danach lassen sich die Kunstwerke noch bearbeiten.

● **Ofenhärtende Modelliermasse** bleibt an der Luft eine Weile formbar, kann aber im Backofen gebrannt werden, sodass dauerhafte Kunstwerke entstehen.

Mit **Pappmaché** können viele alte oder langweilige Dinge verändert oder aufgemöbelt werden.
- Die Grundform aus Draht oder Pappe wird mit geknülltem Zeitungspapier verkleidet, bis sie die gewünschte Form hat. Dabei werden die Zeitungspapierbälle immer wieder mit Papierklebeband verklebt.
- Zeitungspapier in Stücke schneiden oder reißen, mit dickflüssigem Kleister einstreichen und die Form mit mehreren Schichten verkleiden. Dabei die Oberfläche immer wieder mit den flachen Fingern glätten.
- Nach dem Trocknen bunt bemalen und lackieren.

● Kleister anrühren:
- Eimer mit lauwarmem Wasser füllen, Kleister einstreuen und schnell einrühren (Mengenangabe auf der Packung beachten!).
- Nach ca. 20 Minuten muss der Brei kräftig aufgerührt werden. Notfalls verdünnen!
- Im geschlossenen Gefäß kann Kleister lange Zeit aufbewahrt werden.

Mehr zum Thema „Modellieren" gibt es auf der CD-ROM.

In diesem Palast regiert der ZAUNKÖNIG mit seiner jungen Familie

... aber auch Rotschwänzchen und Bachstelzen wohnen gerne in der königlichen Nisthöhle. Im Spätherbst freuen sich die putzigen Haselmäuse über das schicke Winterquartier und halten darin ihren Winterschlaf. Wenn gerade mal niemand darin wohnt, muss der Innenraum gründlich ausgemistet und geputzt werden.

1. Die Schnitte von der CD-ROM ausdrucken und mit Lineal und Bleistift auf Sperrholz-Platten übertragen.
2. Alle Teile aussägen und die angezeichneten Löcher bohren
   - in eine Seite des Vogels (0,7 mm tief)
   - in den unteren Rand der Krone (10 mm tief)
   - in das Dach (durchbohren)
   - in die Vorderwand (durchbohren)
3. Jeweils einen Holzdübel mit Holzleim in das Loch des Vogels und der Krone kleben.
4. Alle Teile mit Acrylfarben bemalen.

In dieser Reihenfolge werden die Teile zusammengenagelt:
1. Die Seitenwände (B+C) an den Boden (A).
2. Die Rückwand (D) zwischen die Seitenwände (B+C) schieben.
3. Die Vorderwand (E) einschieben.
4. Das Dach (F) aufsetzen.
5. Die Aufhängeleiste (G) auf die Mitte der Rückwand (D).
6. Die Krone in das Loch des Dachs und den Vogel in das Loch der Vorderwand kleben.

SCHNITT ZUM AUSDRUCKEN AUF DER CD-ROM

NISTHÖHLE

MATERIAL
Sperrholz-Platten (10 mm)
2 Holzdübel
(Ø 6 mm, Länge: 20 mm)
Acrylfarbe und Pinsel

WERKZEUG
Bleistift
Lineal
Stichsäge
Schleifpapier
Bohrmaschine
Hammer und Nägel
Holzleim

TIERFREUNDE

* **VOGELTRÄNKE AUS EINEM UNTERSETZER:**
Einen Blumentopf-Untersetzer aus Ton oder Kunststoff mit Mosaiksteinen verzieren: Zuerst innen Mosaikkleber oder Fugenmasse auftragen, Steine hineindrücken und nach dem Trocknen verfugen. Wenn alles gut durchgetrocknet ist, die Außenseiten genauso verkleiden.
Versiegeln: Mosaik-Fugenfinish mit einem breiten Pinsel auftragen, einwirken lassen und mit einem weichen Lappen polieren. Vorher können Unebenheiten mit Schleifpapier entfernt werden.

> **VOGELTRÄNKE**
>
> *Wer Vögel im Garten füttert, sollte immer frisches Wasser bereitstellen. Weil manche Vögel die Tränke mit einer Badewanne verwechseln – besonders Amseln planschen gerne darin herum, muss regelmäßig das Wasser erneuert und die Tränke gereinigt werden.*
> *In abgestandenem warmem Wasser breiten sich sonst schnell Krankheitserreger aus, die ganze Vogelfamilien ausrotten können.*
> *Übrigens: Spatzen baden gerne in Sand. Einen Untersetzer mit Sand füllen und etwas erhöht aufstellen. Den Sand von Zeit zu Zeit erneuern.*

* **VOGELTRÄNKE AUS BETON:** Einen großen Teller, Untersetzer oder eine Schale aus Kunststoff mit Beton ausgießen. Gleich eine kleinere Schale hineinstellen, mit Steinen beschweren (siehe S. 26: „Betonmosaik") und ein paar Tage trocknen lassen. Die Schalen entfernen und die Ränder mit Mosaiksteinen verzieren. Nach dem Trocknen verfugen.

Mehr zum Thema „Mosaik" auf S. 11 und auf der CD-ROM

Alle VÖGEL sind schon da ...

1. Die Schnitte mit Malvorlagen von der CD-ROM ausdrucken und mit Lineal und Bleistift auf Sperrholz-Platten übertragen.
2. Die Vögel mit der Stichsäge aussägen und mit Bastelfarbe bemalen. Mit Buntstiften schattieren und Konturen nachziehen.
3. Aufhängen: kleine Schraubösen in den Rand bohren.
Aufstellen: Löcher in den Rand bohren und Drahtstücke in beliebiger Länge darin festkleben.

SUPER Idee!

Tipp: MALEN NACH DER NATUR
Gezeichnete Bilder von Vögeln aus Naturbüchern kopieren oder aus dem Internet ausdrucken, vergrößern, aussägen und naturgetreu bemalen.

SCHNITTE UND MALVORLAGEN ZUM AUSDRUCKEN AUF DER CD-ROM

ZUGVÖGEL

Eine Schwalbe macht noch keinen Sommer – aber der Frühling ist dann bestimmt nicht mehr weit. Viele Vögel verbringen den Winter in wärmeren Gegenden und kommen rechtzeitig zum Frühlingsanfang wieder in ihre Brutgebiete zurück. Oft müssen sie trotzdem in Eis und Schnee frieren und wir Menschen müssen für genug Nahrung sorgen. Besonders die Stare sind immer hungrig und machen viel Radau, wenn die Futterstelle leergefressen ist.

HOLZVÖGEL

MATERIAL
Sperrholz-Platten (10 - 15 mm)
Schleifpapier
Bastelfarbe und Pinsel
Buntstifte
Drahtstücke oder Schraubösen
Holzleim

WERKZEUG
Kopierpapier
Bleistift
Stichsäge
Bohrer

jüh jik jik – zick tsi – djuck djuck dix – tek tek – kuckuck – zilp zalp – pink pink – tschilp – tschilp – tüdelüüü – pittidüm – pittidüm ....

VOGELUHR

Am Vogelgesang kann man ungefähr die Uhrzeit erkennen. Die Armbanduhr kann man nicht danach stellen, denn der Vogelgesang richtet sich nach dem Sonnenaufgang – und der ist je nach Kalendertag und Wohnort verschieden. Frühaufsteher um 3 Uhr morgens ist der Gartenrotschwanz, 10 Minuten später „zickt" das Rotkehlchen und die Amsel singt 5 Minuten später. So geht es weiter im 10-Minuten-Abstand, bis die letzten Langschläfer Star und Grünfink gegen 4.45 Uhr auch „aus den Federn" gekrabbelt sind.

TIERFREUNDE

VOGELFUTTER, MARKE EIGENBAU

Besonders Amseln, Stare und Meisen brauchen Fett, um nicht zu erfrieren. Pflanzenfett in einem Topf schmelzen und lauter leckere Dinge hineinrühren, z.B. Haferflocken, Erdnüsse, Körner, Sonnenblumenkerne, getrocknete Apfelstückchen, Nüsse und Rosinen. Die Masse etwas abkühlen lassen und in Kunststoffbehälter wie Joghurt- oder Margarinebecher füllen. Die Behälter nach dem Erkalten entfernen.

1. Den Schnitt von der CD-ROM ausdrucken und mit Bleistift auf die Sperrholz-Platte übertragen.
2. Löcher (Ø 10 mm) in die Kreise bohren und die Konturen und runden Fenster mit der Stichsäge aussägen.
3. Alle angezeichneten Löcher bohren.
4. Die Ränder glatt schleifen.
5. Den Turm mit Acrylfarben bemalen und mit Mosaiksteinen verzieren (siehe S. 11: „Mosaik").
6. Aludraht-Stücke zu Spiralen biegen. und in die kleinen Löcher kleben.
7. Den Rundstab in ca. 9 cm lange Stücke sägen und jeweils 1 Holzkugel festkleben.
8. Die Anflugstangen in die größeren Löcher kleben.
   Den Futterturm entweder aufhängen, an Zaunlatten festschrauben oder mit einer Stange in die Erde stecken.

GANZJÄHRIGE FÜTTERUNG

Viele Vogelschutz-Verbände empfehlen – entgegen der früher verbreiteten Meinung – heimische Singvögel nicht nur bei Schnee und Frost, sondern ganzjährig – je nach Nahrungsangebot in der freien Natur – zu füttern. Ist ein Frühling besonders kalt, finden die nistenden Vogeleltern kaum Futter, um sich und ihre Nesthäkchen zu ernähren. Schließlich leisten sie mit Nestbau, Eierlegen, Brüten und Füttern Schwerstarbeit und sie magern immer mehr ab. Etwa 350 Mal am Tag muss eine Meise Futter zu ihren Jungen bringen – und das drei Wochen lang! Mit dem richtigen Futter können wir unsere Gartenbewohner bei ihrer Aufzucht-Arbeit unterstützen. Meisen und Grünfinken speisen am liebsten im Futterhaus, Rotkehlchen, Amseln und Drosseln suchen die Leckerbissen am Boden. Nur dem Spatz ist es egal. Der frisst überall alles!

FUTTERTURM

MATERIAL
Sperrholz-Platte (10 mm, L 60 cm, B 35 cm)
Schleifpapier
Rundstab (Ø 6 mm)
Holzkugeln (Ø 20 mm) mit Bohrung (Ø 6 mm)
Aludraht (Ø 2 mm)
Acrylfarben und Pinsel
Mosaiksteine und Schmucksteinkleber
Perlenmaker

WERKZEUG
Bleistift
Stichsäge
Bohrmaschine
Schmuckzange

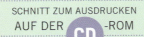
SCHNITT ZUM AUSDRUCKEN AUF DER CD-ROM

Mehr zum Thema „Mosaik" auf S. 11 und auf der CD-ROM

SCHMETTERLING

✳ Die SCHMETTERLINGE werden wie die Vögel auf der vorigen Seite aus Holz gesägt und nach der Natur bemalt (siehe Anleitung auf Seite 14: „Holzvögel"). Den Schnitt von der CD-ROM ausdrucken und beliebig vergrößern oder verkleinern.
Fühler: Aludraht-Stücke zu Spiralen biegen und in die vorgebohrten Löcher am Kopf kleben.

SCHNITT UND MALVORLAGEN
AUF DER CD-ROM

{ Meckerschling – Schmeckerling – Schleckerming – Schlingerming – Lingerschming … }

DER ALLERERSTE FALTER

Schon beim ersten Frühlingshauch kann man die gelben Zitronenfalter flattern sehen, während ihre Verwandten alle noch schlafen oder als Raupen mühsam von Blatt zu Blatt kriechen. Das liegt an ihrem körpereigenen Frostschutzmittel, mit dem sie sogar harte Winter heil überstehen können.

TIERFREUNDE

Sommer- und Winterquartier für die kleinen Glücksbringer

MARIENKÄFER-TURM

Dafür braucht man ein nicht zu dickes Stück von einem alten Baumstamm, das innen morsch oder hohl ist.

- Die beiden Enden gerade absägen und viele Löcher in verschiedenen Größen (Ø 5 bis 10 mm) durch die Rinde bohren.
- Für Boden und Dach eine kleine und eine große Scheibe – größer als der Baumstamm-Durchmesser – aus einem Holzbrett sägen.
- Die Oberseite der Scheiben mit Acrylfarbe bemalen oder mit Holz- oder Bienenwachs einreiben.
- In die große Scheibe zwei Löcher für den Aufhänge-Draht bohren und den Draht zu einer Schlaufe verdrehen.
- Den Boden und das Dach auf den Baumstamm schrauben oder nageln.

MARIENKÄFER

... sind nicht nur niedliche Tierchen, sondern auch gefragte Schädlingsvernichter. Jeder Käfer frisst pro Tag bis zu 50 Blatt- oder Schildläuse.

Marienkäfer suchen sich einen Ort, an dem sie im Winter vor direktem Frost geschützt sind: unter Laub, Moos, unter Baumrinde, Felsbrocken oder in Mauerritzen. Temperaturen von -10 °C bis -15 °C können sie gut aushalten, denn in ihrer Körperflüssigkeit ist eine Art Frostschutzmittel enthalten. Die Marienkäfer überwintern in großen Gruppen. Damit sie sich gegenseitig finden können, sondern die Tiere einen Duftstoff ab. So ist eine lange Partnersuche nach dem Winterschlaf nicht notwendig und die Eiablage im Frühling ist gesichert.

MARIENKÄFER-TURM

Bitte nicht vor dem Frühling wecken!

In meiner Wanne schwimmt ein Molch

So wird aus einer alten Badewanne oder einem Waschzuber ein kleiner Teich:
1. Den Boden mit grobem Sand bedecken.
2. Ein paar Steine und einen umgedrehten Blumentopf als Unterschlupf für Molche und Larven hineinlegen.
3. Wasser auffüllen – am besten Regenwasser – und 1 bis 2 Tage warten, bis sich der Sand wieder am Boden abgesetzt hat.
4. Pflanzen in Gitterkörbchen einsetzen: z. B. kleine Seerosen, Pfeilkraut, Wasserfeder, Seekanne oder Wassernuss. Beim Pflanzenkauf auf die Wuchshöhe achten. Sie soll nicht tiefer sein, als der Teich hoch ist.
5. Schwimmpflanzen wie Wasserhyazinthe oder Wassersalat zum Schluss einsetzen. Sie breiten sich auf der Wasseroberfläche aus und sorgen für den nötigen Sauerstoffaustausch.

Teichtipps:
- Wer Molche beobachten will, sollte einen Ein- und Ausstieg aus dicken Ästen oder Steinen bauen. Außerdem wärmen sie sich gern auf einer „Sonnenterrasse" auf: Einen Baumstamm oder großen Stein so in den Teich stellen, dass die Oberfläche über das Wasser guckt und ein paar runde Kieselsteine darauflegen. Molche brauchen übrigens ein frostsicheres Winterquartier – ein Haufen aus Holzstücken, Ästen, Steinen und Rinde – in der Nähe ihres Teiches.
- Für klares Wasser sorgt ein Nylon-Söckchen, das mit Torfmull gefüllt, verknotet und in das Wasser gehängt wird.
- Gegen Algenbildung helfen 2 - 3 Tropfen Milch.
- Wenn Wasserlinsen sich zu sehr ausbreiten, kann man sie mit einem Sieb abschöpfen.
- Vor dem ersten Frost dürfen die Teichpflanzen in Eimer umziehen: ein bisschen Teichwasser dazufüllen, mit Regenwasser aufgießen, und im Keller überwintern.
- Die Zinkwanne winterfest machen: Das Wasser abschöpfen, den Sand in Eimer füllen und die Wanne frostfrei lagern. Kunststoffwannen können mit Sand und Wasser draußen überwintern. Da ziehen manchmal schon im März die ersten Molche ein.

Molche, Libellenlarven, Kaulquappen, Mückenlarven, Wasserflöhe und andere Wasserbewohner könnt ihr mit einem Wassergucker prima beobachten. Schneidet den Boden eines großen Joghurtbechers heraus. Spannt ein Stück Klarsichtfolie mit Gummiringen über die Bodenöffnung. Die Folie muss straff gespannt sein! Taucht den Wassergucker mit der Folienseite nach unten ein Stück ins Wasser. Durch den Wasserdruckt wölbt sich die Folie und wirkt wie ein Vergrößerungsglas. So könnt ihr vieles entdecken, was mit bloßem Auge nicht zu sehen ist.

TIERFREUNDE

Wer nicht warten kann, bis die Seerosen blühen, bastelt sich welche …

MATERIAL
Aqua-Papier
Bastelfarben und Pinsel
Perlenmaker

WERKZEUG
Zirkel
Schere

1. Mit dem Zirkel Kreise in verschiedenen Größen auf Aqua-Papier zeichnen und mit verdünnter Acryl-, Perlmutt- oder Plaka-Farbe ausmalen und trocknen lassen.
2. Eine Scheibe 4 x zu einer Spitztüte falten und wieder öffnen.

3. Alle Falzrillen für die Blütenblätter etwa 3 - 5 cm lang (je nach Blumengröße) vom Rand aus einschneiden.
4. Die Scheibe mit der unbemalten Seite nach oben hinlegen und die beiden Ecken jedes Blütenblatts umknicken.
5. Die Scheibe wieder umdrehen und die Blütenblätter nach oben biegen oder reihum gerade abknicken.
6. Blüten in verschiedenen Größen aufeinanderlegen und die Mitte der oberen Blüte mit Perlenmaker verzieren.

Tipp: Abends kann man brennende Teelichte auf die Seerosen stellen. Damit sie im Teich nicht davonschwimmen, werden sie mit einer Schnur am Ufer verankert.

SUPER Idee!

SEEROSE

Die kleine gelbe Teichrose wächst bei uns und wird auch MUMMEL genannt, die größte Seerose findet man am Amazonas. Sie heißt Victoria – zu Ehren der britischen Königin Victoria – und ihre Blätter sind so groß, dass mehrere Kinder darauf sitzen können. Ein Blatt kann bis zu 60 Kilogramm Gewicht tragen. Jede Blüte blüht 2 Nächte lang – zuerst weiß, doch in der zweiten Nacht färbt sie sich rosarot.

Lasst die Wasserjungfern tanzen ...

1. **Körper:** Kleine Kunststoff-Flaschen säubern, die Etiketten entfernen und mit Acrylfarben bemalen.
2. Die Schlitze für Flügel und Aufhängung wie auf der Zeichnung mit dem Cutter einschneiden.
3. **Kopf:** Den Flaschenverschluss oder eine passende Styroporkugel bemalen und wieder festdrehen oder mit Heißkleber auf die Flaschenöffnung kleben. Zwei Wackelaugen und eine Holzkugel als Nase aufkleben.
4. **Flügel:** Den Schnitt von der CD-ROM ausdrucken und passend verkleinern oder vergrößern, auf Crea-Pop-Folie übertragen, 2 x ausschneiden und mit Glitter verzieren. Die Flügel in die eingeschnittenen Schlitze stecken.
5. Zwei Fühler aus Diamantdraht abzwicken und jeweils ein Ende zur Spirale formen. Die Fühler in den Kopf stecken und festkleben.
6. **Aufhängen:** Perlonschnur mit einer Stopfnadel durch die Kreuzschlitze ziehen und verknoten (siehe Zeichnung).

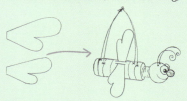

SCHNITTE ZUM AUSDRUCKEN AUF DER CD-ROM

LIBELLEN

MATERIAL
kleine Kunststoff-Flaschen
Styroporkugeln in passender Größe
Acrylfarben und Pinsel
Glitterfarbe
Crea-Pop-Folie
Wackelaugen
Holzkugeln
Diamantdraht
Perlonschnur

WERKZEUG
Cutter
Schere
Heißklebe-Pistole
Schmuckzange
Stopfnadel

LIBELLE

Das Wort „Libelle" wurde im Jahr 2004 von der Goethe-Gesellschaft zum schönsten in der Kategorie „Vorschläge von Kindern" gewählt. Libellen werden auch Wasserjungfern, Schleifer oder Augenstecher genannt. Sie sind sehr geschickte Flieger. Ihr Körperbau und ihr Flugverhalten werden oft als Vorbild für Flugmaschinen in Science-Fiction-Filmen genommen. Libellen legen ihre Eier in Teichen und Bächen ab, die Larven brauchen 2 Jahre für ihre Entwicklung und leben räuberisch. Sie fressen alles, was sie kriegen können: Insekten, Würmer, Kaulquappen und sogar kleine Fische.

Wenn die Libellen nicht im Wind tanzen sollen, könnt ihr Deko-Sand in die Flaschenkörper füllen, damit sie schwerer werden.

TIERFREUNDE

1. Die Schnitte ausdrucken, beliebig vergrößern und auf Sperrholz-Platten übertragen.
2. Alle Teile aussägen und die Ränder mit Schleifpapier glätten.
3. Alle Seiten bemalen und trocknen lassen.
4. **Beine:** Die Kordel in etwa 60 cm lange Stücke schneiden und an die Füße tackern.
5. Die Kordelbeine an die Rückseite tackern.

So schwimmt der Frosch nicht davon: Eine Schnur am Frosch befestigen und das andere Ende am Teichufer festbinden.

SCHWIMMFROSCH

MATERIAL
Sperrholz-Platten (10 mm)
dicke Kordel
Acrylfarben und Pinsel

WERKZEUG
Stichsäge
Schleifpapier
Tacker
Schere

FRÖSCHE, KRÖTEN UND MOLCHE

Frösche, Kröten und Molche gehören zur Familie der Amphibien. Das sind eigentlich Landtiere, die aber im Wasser geboren werden und so lange dort leben müssen, bis ihre Lungen und ihre Beine voll entwickelt sind. Bis dahin atmen sie mit Kiemen und bewegen sich mit einem Ruderschwanz anstatt der Beine fort. Manche allerdings verbringen ihr ganzes Leben im Wasser und gehen niemals an Land.

Frösche kennt man bei uns meistens in Tarnfarben: *grasgrün oder schlammbraun. In anderen Ländern sieht man sie aber in den tollsten Farben: gelb, weiß, orange, rot und blau, gemustert, gestreift und getupft. Manche haben knallrote Fußzehen oder Bäuche. Die meisten der leuchtend bunten Frösche sind* giftig, *wie der Erdbeerfrosch und der blaue Baumsteiger. Der giftigste von allen ist der gelbe Pfeilgiftfrosch. Er kann alleine 20 000 Mäuse töten.*

Die Begegnung *mit einer Kröte ist bedeutungsvoll und zwiespältig: Sie verspricht ein langes Leben und Unverwundbarkeit, aber auch Unglück und Kummer.*

Wasserfrosch-Blaskonzert: *Je größer ein Teichfrosch seine Schallblasen, die in den Mundwinkeln sitzen, aufbläst, desto tiefer kann er quaken. Manchmal sind die Blasen größer als der ganze Frosch.*

Achtung, Krötenwanderung! *Oft müssen Kröten auf ihrem Weg vom Winterquartier zu ihrem Laichgewässer Straßen überqueren. Damit sie sicher dort ankommen, bauen im Frühling viele Naturschutzverbände und Gemeinden Schutzzäune und Tunnel und weisen mit Schildern darauf hin, langsam und vorsichtig zu fahren.*

Die Sachenmacher

... ein Frühlings-Memory zum Selbermachen

Wer blüht denn da?

1. Die Blumenmotive doppelt von der CD-ROM ausdrucken.
2. Ein Lineal an die Schnittlinien anlegen und die Bilder mit dem Cutter ausschneiden.
3. Die Fotos auf Memory-Kärtchen kleben.

FRÜHLINGS-MEMORY ZUM AUSDRUCKEN
AUF DER **CD**-ROM

WER BLÜHT ZUERST?

Schneeglöckchen sind die ersten Frühlingsboten. Sie stecken als erste ihre Blattspitzen aus der Erde. Ungefähr zur gleichen Zeit blüht im Wald der rosafarbene Seidelbast. Und dann können es die blauen Leberblümchen auch nicht mehr erwarten. Bunte Krokusse, gelbe Winterlinge, Märzveilchen und Gänseblümchen, Christrosen, Scilla und Märzenbecher, Narzissen und Hyazinthen zeigen ihre duftende Schönheit. Bald blüht die ganze Welt: Obstbäume ziehen ihre Brautkleider an und die Nachzügler – Buschwindröschen, Himmelschlüssel, Wiesenschaumkraut, Löwenzahn, Tulpen, Akelei und viele Wiesenkräuter – schmücken sich zum Blütenfest.

So ist der Tisch für Bienen und Hummeln reichlich gedeckt, denn auch Haselnuss, Weide und Birke locken mit ihrem süßen Blütenstaub.

Geht mit der Kamera bewaffnet auf Foto-Safari! Wenn ihr genug schöne Frühlingsmotive zur Auswahl habt, könnt ihr die Bilder oder Bild-Ausschnitte doppelt in der Größe eurer Memory-Kärtchen ausdrucken. Jetzt noch ausschneiden und aufkleben... und schon ist das Memory fertig zum Spielen!

GARTEN & BALKON

Jetzt wird es Frühling im Blumenkasten!

*Gleich, wenn die Weihnachtsdekoration entfernt ist, sprießen hölzerne Frühlingsblumen aus dem Blumenkasten.

1. Die Schnitte von der CD-ROM ausdrucken, auf Sperrholz übertragen und aussägen (siehe auch S. 6: „Holzbearbeitung").
2. Die Konturen mit dem Brennkolben nachziehen (siehe auch S. 6: „Gestalten mit dem Brennkolben").
3. Die Blumen naturgetreu bemalen.

SCHNITTE ZUM AUSDRUCKEN
AUF DER CD -ROM

HOLZBLUMEN

MATERIAL
Sperrholz-Reste
(6 - 10 mm)
Bastel- oder Acrylfarbe
und Pinsel

WERKZEUG
Bleistift
Säge
Schleifpapier
Brennkolben

Will ich in mein Gärtchen gehen … und die Blümchen gießen!

PFLANZEN-KINDERSTUBE: Anzucht„töpfe" aus Zeitungspapier sind nicht nur billig und schnell gefaltet, sie verursachen auch keinen Müll, denn die durchwurzelten Tütchen werden einfach mit eingepflanzt und lösen sich innerhalb weniger Tage in der Erde auf. Außerdem werden die zarten Wurzeln bei der Umpflanzaktion nicht beschädigt. Die Regenwürmer freuen sich auch, denn für sie ist Zeitungspapier ein Leckerbissen.

So wird's gemacht: Je nach gewünschter Größe einen ganzen oder halben Zeitungspapier-Bogen quadratisch zuschneiden und wie auf der Anleitung (siehe CD-ROM) falten.
- Die Tütchen mit Anzuchterde füllen und nebeneinander in eine flache Kunststoff-Box setzen.
- 2 - 3 Samenkörner in jedes Tütchen legen und andrücken. Die Samen leicht mit Erde bedecken und vorsichtig mit Wasser angießen oder mit dem Blumensprüher befeuchten.
- Die Kinderstube auf ein helles Fensterbrett stellen.
- Die Erde immer gut feucht halten – aber niemals unter Wasser setzen – dann werden bald die ersten Blätter sprießen.
- Wenn die Pflanzen kräftig gewachsen sind, werden sie in größere Papier„töpfe" umgesiedelt oder ab Mitte Mai direkt ins Beet gepflanzt.

MAULWURF

Der Maulwurf gehört zu den geschützten Tierarten. Man darf ihn nicht fangen oder verletzen und erst recht nicht töten. Er lebt in langen Gängen, die er in die Erde gräbt. Wenn er unten gräbt, kommen oben kleine Erdhügel zum Vorschein. Diese Maulwurfserde ist schön locker. Man kann sie einsammeln und gleich für seine Anzucht-Töpfe verwenden. Alle paar Stunden läuft der Maulwurf durch alle seine Gänge, guckt nach dem Rechten und kontrolliert seine Vorratskammer. Im Winter bleibt er in seiner Höhle, lebt von seinen Vorräten und lässt sich draußen gar nicht blicken.

FALTANLEITUNG „ANZUCHTTÜTEN"
AUF DER **CD**-ROM

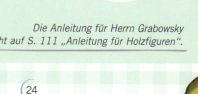

Wisst ihr, wie man Pflanzenkinder richtig pflegt? Viele nützliche Tipps für kleine Gärtner findet ihr auf der CD-ROM!

Die Anleitung für Herrn Grabowsky steht auf S. 111 „Anleitung für Holzfiguren".

GARTEN & BALKON

Pflanzen-Schilder

... steckt man nach dem Aussäen gleich in die Erde, damit man weiß, wie die Pflänzchen heißen, die hier bald sprießen werden.
- Den Schnitt von der CD-ROM ausdrucken, auf Sperrholz (4 mm) übertragen und aussägen.
- Mit Acrylfarben bunt bemalen. Das Feld für die Beschriftung mit Tafelfarbe ausmalen.
- Jetzt noch mit dem Perlenmaker schön verzieren und trocknen lassen.
- Den Pflanzennamen mit Kreide in das Tafelfeld schreiben.

Garten-Tagebuch

In jedem Frühling kann man sich ein neues Tagebuch anlegen, in dem alles gesammelt wird: Planungsskizzen, Gartenideen, Aussaaten, Checklisten und Bilder von Gartenfesten, Ernte-Notizen, Rezepte, besondere Garten-Erlebnisse und Porträts von tierischen Gartenbewohnern.
Das Titelblatt und alle Seiten zum Einkleben mit einer Anleitung für die Gestaltung gibt es zum Ausdrucken auf der CD-ROM. So kann sich jeder sein ganz persönliches Tagebuch zusammenstellen.
Man braucht dafür ein quadratisches Skizzenbuch (20 x 18,5 cm), eine Schere und Kleber.

SEITEN ZUM AUSDRUCKEN FÜR DAS GARTEN-TAGEBUCH
AUF DER CD-ROM

Mosaik
im Garten

Steinchen für Steinchen entstehen aus ganz einfachen Gegenständen tolle Hingucker.

Neben Dingen zum Bekleben braucht man den passenden Kleber:
- Für Untergründe aus Beton, Ton oder Kunststoff braucht man Mosaik- oder Fliesen-Kleber. Der wird – wie vom Hersteller angegeben – mit Wasser angerührt und muss in ca. 30 Minuten verarbeitet werden.
- Auf Ton oder Kunststoff hält auch Schmucksteinkleber.
- Für Untergründe aus Holz oder Styropor nimmt man Weißleim oder Schmucksteinkleber.
- Ebene, glatte Flächen können mit Silicon beklebt werden.

Vor dem Verfugen muss der Kleber gut durchgetrocknet sein.
- Die Fugenmasse in Wasser einrühren (2:1 oder 3:1, siehe Hersteller-Anweisung), 3 Minuten abbinden lassen und gleich mit einem Kunststoff-Spachtel über die Steine streichen und verteilen, bis die Fugen ausgefüllt sind. Dicke Batzen entfernen!
- Gleich mit einem feuchten Schwammtuch darüberwischen und die Steine grob reinigen.
- Nach dem Trocknen wird die Fläche mit Wasser und Schwamm noch einmal ordentlich geputzt.
- Jetzt können Unebenheiten an Rand und Boden mit Schleifpapier entfernt werden. Der Schleifstaub wird feucht abgewischt.

Versiegelung: Fugen-Finish mit einem breiten Pinsel auftragen, einwirken lassen und mit einem weichen Lappen nachpolieren.

GARTEN & BALKON

Die Beton-Steine kann man in einem Sandbett verlegen.

Im Katzen-Kopf war früher einmal Katzenfutter. Beim Verkleiden muss man eine Stelle für den Stab frei lassen. Dort wird später ein passendes Loch gebohrt. Man kann den Katzenkopf auch mit Relief-Gießmasse ausgießen und nach dem Trocknen schön bemalen.

MOSAIKSTEINE SELBER MACHEN:

Gieß- oder Fugenmasse anrühren und ein paar Millimeter hoch in flache Teller oder Untersetzer gießen.
Die Platte nach dem Aushärten in einem Jutebeutel oder unter einem Handtuch (damit nichts ins Auge springt!) in Stücke brechen oder mit dem Hammer zerklopfen.
Die Stücke mit Acrylfarben bemalen und verzieren oder dickflüssige Farbe mit einem Liner-Fläschchen auftragen und bis über die Ränder verteilen.

- Wenn die Gießmasse vor dem Anrühren mit Farbpulver eingefärbt wird, entstehen pastellfarbene Steine.

Bunte Mischung: Mosaiksteine zusammen mit Knöpfen, Metallteilen, Keramik- und Spiegelscherben, Astscheiben, Schmucksteinen, Leuchtsternen oder anderen Fundsachen aufkleben.
Alte Fliesen in einen Jutebeutel stecken und mit dem Hammer in kleine Stücke klopfen.
Steinanheber: Eine kleine Kugel aus Knetgummi formen und auf einen Trinkhalm drücken.

Beton-Steine
1. Estrich-Beton (oder 4 Teile Sand und 1 Teil Zement) mit Wasser zu einem dicken Brei vermischen.
2. Die Masse in Schalen, Becher, Untersetzer, Eisdosen und andere Gefäße aus Kunststoff füllen.
3. In die Oberfläche Mosaiksteine und andere Dinge (siehe „Bunte Mischung") drücken. Dafür hat man etwa 1 bis 2 Stunden Zeit, bevor die Masse abbindet.
Tipp: Frische Blätter mit dicken Rippen (nach unten!) auflegen und gleichmäßig feststreichen. Die Blätter erst nach dem Trocknen entfernen!
4. Die Behälter 1 bis 2 Tage lang mit Folie bedecken. Dann müssen die Formen – je nach Größe und Dicke – ohne Folie noch 1 bis 2 Tage trocknen, bevor die Behälter entfernt werden können.
5. Unebenheiten können jetzt mit einer Raspel oder Drahtbürste geglättet werden.

MEHR ZUM THEMA „MOSAIK"
AUF DER -ROM

Für die großen Garten-Stecker muss der Draht 5 mm dick und etwa 2 Meter lang sein. Zuerst wird ein einfaches Motiv (z. B. Herz, Blume, Spirale, Tulpe …) gelegt und dann der Stiel geformt.

Spiralen:
Den Draht bis auf die letzten 20 cm über einen Rundstab, einen Besenstiel, eine Pappröhre oder eine Flasche wickeln und nach dem Abnehmen in Form ziehen.

GARTEN & BALKON

Für den großen Halter braucht man 5 mm starken Draht, ein Trinkglas und eine Stumpenkerze.

Die kleinen Halter für die Teelicht-Gläser werden aus 2 mm starkem Draht gebogen.

Rundherum *Draht*

Verzieren: Schmuckperlen auf feinen Silberdraht fädeln und um den Halter wickeln.

Aludraht gibt es in verschiedenen Stärken. Er ist so weich, dass man ihn mühelos auch ohne Schmuckzange biegen kann. Zum Abschneiden braucht man eine Zange oder einen Seitenschneider.

GARTENELFE

Die Anleitung für die Gartenelfe steht auf Seite 111 „Anleitung für Holzfiguren". Man braucht dafür: Sperrholz (8 mm stark), einen Rundstab (Ø 4 mm) und zum Verzieren Glitzerfarbe.

ELFEN

... sind zierliche Naturgeister, die zaubern können. Man behauptet, dass sie lange spitze Ohren haben und sehr musikalisch sind. Sie haben verschiedene Aufgaben auf der Erde zu erfüllen.
Manche wohnen in Blumenkelchen oder unter Baumwurzeln, manche in der Nähe des Wassers und manche im Wald. In Irland werden die Elfen besonders beschützt: Dort, wo man Elfenplätze vermutet, dürfen keine Häuser gebaut werden. So manche Straße ist deswegen schon umgeleitet worden.

GARTEN & BALKON

1. Die Schnitte von der CD-ROM ausdrucken. Die Grundformen auf dicke (8 cm), die Verzierteile auf dünne (4 cm) Sperrholzreste übertragen und aussägen (siehe auch S. 6: „Holzbearbeitung").
2. Die Löcher für Rundstäbe und Fühler bohren.
3. Alle Teile mit Acrylfarben bemalen.

Vogel: Auf jede Seite einen Flügel kleben und einen Rundstab in den Bauch stecken.
Schmetterling: Fühler: Etwa 5 cm Aludraht abschneiden und in Form biegen.
Den Körper auf die Flügel kleben. Die Fühler und den Rundstab festkleben.
Blume: Die kleine Blume auf die große Blume kleben. Die Blätter auf den Rundstab schieben und den Rundstab festkleben.

Verzieren: Vor dem Befestigen der Rundstäbe können mit Perlenmakern in Frühlingsfarben Muster aufgemalt werden.

FRÜHLINGS-TRIO

FRÜHLINGS-TRIO

MATERIAL
Sperrholz-Reste
(8 und 4 mm stark)
Rundstäbe (Ø 6 mm)
Acrylfarbe und Pinsel
UHU extra
Zum Verzieren:
Perlenmaker in Frühlingsfarben
Aludraht
WERKZEUG
Bleistift
Schleifpapier
Säge
Bohrmaschine
Schmuckzange

ALLE SCHNITTE ZUM AUSDRUCKEN
AUF DER CD -ROM

... ein laues Frühlingslüftchen bringt die großen Windblumen zum Tanzen

GARTEN & BALKON

WINDBLUMEN

MATERIAL
Crea-Pop-Folie (500 g/m²), matt
Acrylfarbe und Pinsel
zum Verzieren:
Perlenmaker und Glitterpens
für die Mechanik:
1 langer Nagel
1 Holzscheibe, gebohrt
2 Holzkugeln, gebohrt
Besenstiel

WERKZEUG
Bleistift
Schere oder Cutter
Lochzange
Bohrer
Schnitzmesser
Hammer

Blüte:
1. Den Schnitt von der CD-ROM ausdrucken, beliebig vergrößern oder verkleinern, auf mittelstarke Crea-Pop-Folie übertragen und ausschneiden.
2. Eine Seite der Folie mit Acrylfarben großzügig bemalen.
3. Nach dem Trocknen Muster und Verzierungen mit dem Perlenmaker auftragen und gut trocknen lassen.
4. Den Schnitt wieder auflegen, die Schlitze und Löcher anzeichnen und einschneiden.
- Die Löcher mit der Lochzange stanzen.
- Das Mittelloch im Blütenboden mit Hammer und Nagel einschlagen und das Loch mit dem Nagel kreisförmig ausweiten. Es darf nicht zu groß sein, damit die Blüte später nicht eiert.

Mechanik und Aufstellen:
Einen Besenstiel oder geraden Ast anspitzen. In das andere Ende ein etwa 5 cm tiefes Loch für den Nagel-Spieß bohren.

Die Einzelteile so auf den Nagel fädeln:
1. eine Perle
2. die Blütenblätter reihum
3. die 2. Perle
4. den Blütenboden
5. die Holzscheibe

- Den Nagel in das vorgebohrte Loch klopfen.
- Die Windblume in die Erde oder in einen mit Sand, Gips oder Kieselsteinchen gefüllten Blumentopf stecken.

SCHNITT ZUM AUSDRUCKEN
AUF DER CD -ROM

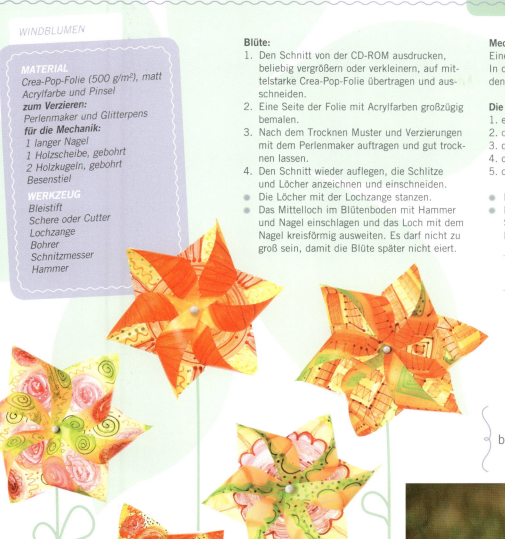

{ Sei sanft wie der Frühlingswind,
bewahre die Wärme der Sonne im Herzen }
Indianerhäuptling Sun Bear

Die Sachenmacher

Mooskuchen
für 4 Personen

ZUTATEN

FÜR DEN TEIG:
- 250 g Margarine
- 6 Eigelb
- 375 g Zucker
- 75 g Kakaopulver
- 300 g Mehl
- 1 Becher saure Sahne
- ½ TL Natron

FÜR DEN BELAG:
- 6 Eiweiß
- 3 EL Puderzucker
- 250 g Kokosfett
- Kaffeepulver

ZUBEREITUNG

1. Alle Zutaten für den Teig cremig rühren, auf ein Backblech streichen und ca. 25 Minuten bei etwa 180 °C backen.
2. Belag: Das Kokosfett in einem Topf schmelzen.
3. Puderzucker und Eiweiß fast steif schlagen, nach und nach das aufgelöste Kokosfett hineinlaufen lassen und weiter schlagen, bis die Masse steif wird.
4. Den Kuchenboden damit bestreichen und zum Aushärten kurze Zeit kühl stellen.
5. Feines Kaffeepulver auf den Belag sieben und warten, bis der Kuchen grün wird.

Zubereitungszeit: ca. 30 Minuten

... sieht wirklich so grün aus wie Moos. Das liegt an dem Kaffeepulver, mit dem der Eiweiß-Belag bestreut wird.

So schön ist das Dach vom Futterhäuschen bis zum Herbst zugewachsen ...

GARTEN & BALKON

Mooskunst

- Schöne Moospolster mit einem Gemisch aus Joghurt und Zucker an Bäume, Schuppen, an Wände oder auf Dächer von Vogelhäusern kleben. Am besten schattige Stellen mit nicht zu glatter Oberfläche wählen, damit sich das Moos beim Weiterwachsen festhalten kann.
- Den Joghurt-Kleber mit einem breiten Pinsel auftragen und festdrücken – aber vorher Einmal-Handschuhe anziehen, denn die Angelegenheit ist ziemlich klebrig.
- Das Moos ab und zu mit Wasser besprühen, damit es weiter wachsen kann. Wer bestimmte Formen „pflanzen" möchte, kann sich eine Schablone aus Pappe oder Folie schneiden:
- Die Schablone festkleben oder von jemand festhalten lassen, das Motiv mit Joghurt-Kleber auspinseln und die Moospolster gleich aufdrücken, bevor der Aufstrich trocken wird.

MOOS

Moos wächst immer an der Wetterseite von frei stehenden Bäumen – in Deutschland ist das Westen! So kann man auch ohne Kompass, Sonne oder Sterne die Himmelsrichtung erkennen.

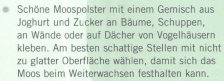

Heut kleb' ich ein Herz für meine Liebste an die Birke!

Das Moos

Zu Füßen mir das niedere Moos –
zufrieden ist's mit seinem Los
und wünschet nicht: „O wär ich groß!"

Vernehmlich ist mir, wie es spricht:
„Und rag' ich auch gen Himmel nicht,
mich findet doch das Sonnenlicht!"

(Adolf Schults, 1820 – 1858)

Mach es wie die Sonnenuhr, zähl die heit'ren Stunden nur!

Am Schatten, den der Zeiger einer Sonnenuhr wirft, kann man die ungefähre Uhrzeit ablesen. Das ist je nach Wohnort verschieden und ändert sich auch im Laufe des Jahres mit dem Sonnenstand. Um den Sonnenwinkel zu berechnen, muss man den Breitengrad seines Wohnorts kennen. Die Schräge des Schattenzeigers entspricht dem Breitengrad des Wohnorts. Die Möglichkeiten in Deutschland sind auf der **Vorlage für den Schattenzeiger** *auf der CD-ROM eingezeichnet.*

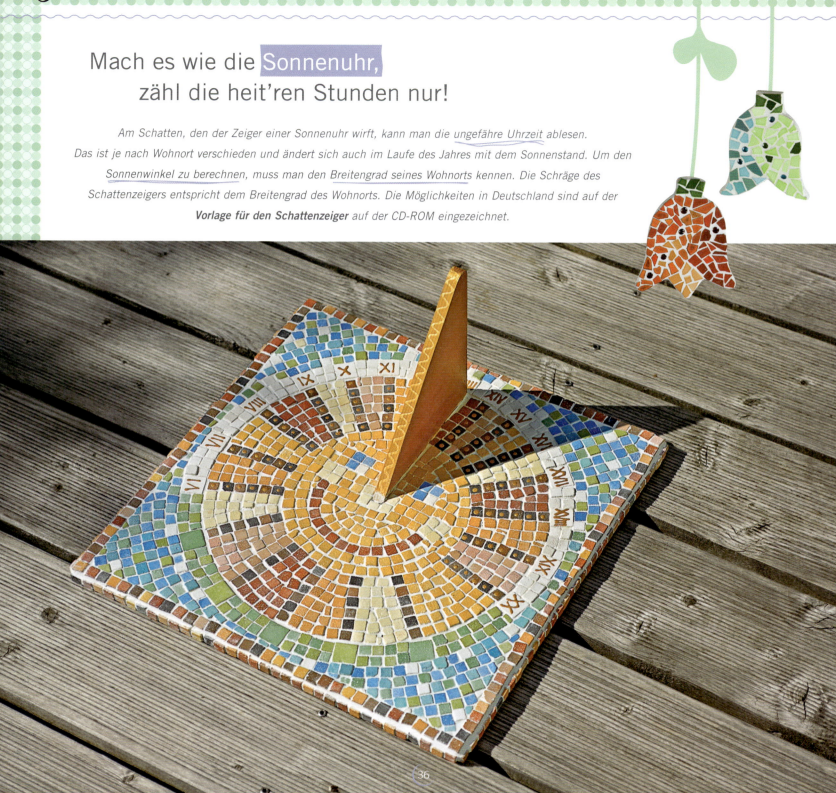

GARTEN & BALKON

1. **Grundplatte:** Die Konturen wie auf der Schnittvorlage (siehe CD-ROM) mit dem Zirkel auf eine MDF-Platte übertragen und die Löcher für den Schattenzeiger bohren.
2. Den **Schattenzeiger** entsprechend dem Breitengrad des Wohnorts aussägen, mit Schleifpapier glätten und die angegebenen Löcher bohren. Den Zeiger mit 2 Holzdübeln in die Bodenplatte stecken.
3. **Stunden anzeichnen:** Die Uhrplatte in die Sonne stellen und ausrichten: Die Oberkante muss nach Norden zeigen. Um Punkt 12 Uhr darf der Zeiger keinen Schatten werfen – will man eine Sommerzeit-Uhr, ist der schattenlose Punkt um 11 Uhr.
Jetzt wird zu jeder vollen Stunde bis 18 Uhr ein Strich entlang der Schattenkante innerhalb des großen Kreises gezogen und die Uhrzeit notiert. Am nächsten Morgen um 8 Uhr geht es weiter, bis alle Zeitstrahlen von 8 bis 18 Uhr angezeichnet sind.
4. Den Schattenzeiger entfernen, bemalen und trocknen lassen.
5. **Mosaik:** Die Zeitstrahlen mit Mosaiksteinen in einer dunkleren Farbe bekleben und direkt darüber in den schmalen Kreis einen großen Zeitstein kleben, auf dem vorerst mit Bleistift die Stunde notiert wird.
6. In die untere Hälfte des Strahlenkreises weitere Sonnenstrahlen kleben und alle Zwischenräume mit helleren Mosaiksteinen ausfüllen.
7. Den Schattenzeiger wieder in die Platte stecken und die restlichen Flächen nach Belieben ausfüllen. *Tipp:* Die Flächen vor dem Bekleben mit den ausgesuchten Steinen belegen. Stein für Stein mit einem Stein-Anheber (siehe S. 26) hochheben und Leim aus einem Liner-Fläschchen darunter tropfen.
8. Wenn die Steine fest sind, kann verfugt werden (siehe S. 25 „Mosaik im Garten").
9. Die Ziffern mit Perlenmaker, Konturmittel oder Metallicstift auf die Zeitsteine schreiben und trocknen lassen.
- Die Sonnenuhr kann wetterfest lackiert oder mit Fugenfinish geschützt werden.
- Ein quadratisches Podest aus Ytong- oder Ziegelsteinen in die Wiese bauen und die Sonnenuhr darauflegen.
- Im Winter sollte sie frostfrei und trocken gelagert werden.

VORLAGE FÜR DIE SONNENUHR
AUF DER **-ROM**

SONNENUHR

MATERIAL
MDF-Platte (12 mm):
- Grundplatte 40 x 40 cm
- Schattenzeiger 18,5 x 18,5 cm
2 Holzdübel (Ø 6 mm)
Weißleim oder Schmucksteinkleber
Terracotta-Mosaiksteine
- *für die Zeitsteine:* 20 - 25 große Steine (2 x 2 cm)
- *zum Ausfüllen:* ca. 1200 kleine Steine (1 x 1 cm)
ca. 70 g Fugenmasse
Acrylfarbe und Pinsel
Perlenmaker, Konturmittel oder Metallic-Stift

WERKZEUG
Bleistift
Zirkel
Stich-Säge
Bohrer
Schleifpapier
Schere oder Seitenschneider
Schwammtuch

Mehr zum Thema „Mosaik" auf S. 26 und auf der CD-ROM

MOSAIK-TULPEN

1. Die Schnitte für die Tulpen von der CD-ROM ausdrucken, auf Holzbretter übertragen und mit der Stichsäge aussägen. Die Ränder mit Schleifpapier glätten.
2. Mosaiksteine mit Weißleim aufkleben und verfugen (siehe oben).
3. Die Tulpen mit großen Schraubösen aufhängen oder mit Eisenstäben aufstellen.

MÄRCHENLICHT

MÄRCHENLICHT

MATERIAL
Sperrholz (8 mm)
Acrylfarben
Crea-Pop-Folie
zum Verzieren: Mosaiksteine, Glasnuggets, Schmucksteine, Spiegelplättchen …
Schmucksteinkleber
Perlenmaker

WERKZEUG
Bleistift
Stichsäge
Schleifpapier
Bohrer
Küchenschwamm
Klammerhefter

1. Den Schnitt ausdrucken, beliebig vergrößern, je 2 x auf Sperrholz-Platten übertragen und aussägen.
2. Die Fensteröffnungen aussägen: Ein großes Loch neben die Kontur bohren und das Sägeblatt einführen (siehe auch S. 6: „Holzbearbeitung").
3. Alle Ränder mit Schleifpapier glätten.
4. Acrylfarbe mit Wasser verdünnen und mit einem Küchenschwamm in die Holzflächen und Ränder reiben.

SCHNITT ZUM AUSDRUCKEN
AUF DER CD-ROM

Nach dem Trocknen verzieren:
- Mosaiksteine mit Mosaikkleber aufkleben und verfugen (siehe auch S. 26: „Mosaik").
- Schmucksteine und Spiegelplättchen mit Schmucksteinkleber aufkleben.
- Muster mit dem Perlenmaker aufmalen.

Fenster: Die Schnitte für die Fensterfolie mit Klebefilm auf Crea-Pop-Folie kleben, je 2 x ausschneiden und mit einem Klammerhefter in der Laterne befestigen.
Beleuchtung: Eine Stumpenkerze in ein großes Glas stellen.

SUPER Idee!

Gestaltungstipp:
Alle Seiten der Laternen-Wände einfarbig lasieren und die Fensterfolie mit Acrylfarben bunt bemalen.

GARTEN & BALKON

ABEND *lichter*

LEUCHTENDE HINGUCKER
So kann man Solarkugeln verzieren:
- Mosaiksteine aus Kunststoff mit Schmuckstein-Kleber aufkleben.
- Muster mit einem Perlenmaker, Glitterpen oder Metallic-Stift aufmalen.
- Schablonen aus Haftfolie ausschneiden, auflegen, die Ränder festdrücken und Kristall- oder Eisfarbe in die Felder tupfen.

So werden aus einfachen Solarspießen witzige
LEUCHTBLUMEN
1. Eine Blütenscheibe aus Crea-Pop-Folie ausschneiden (Schnitt-Beispiel auf der CD-ROM).
2. In die Mitte eine Öffnung in passender Größe schneiden: Den Solaraufsatz entfernen und den Durchmesser des Leuchtzylinders ausmessen!
3. Die Blütenblätter mit Klebefolie oder Perlenmaker verzieren und trocknen lassen.
4. Die Blüte über den Leuchtzylinder schieben und den Solaraufsatz wieder aufstecken.

Die Sachenmacher

Wenn im frühen Frühling Bäume und Sträucher zurückgeschnitten werden, findet man geeignete Äste für Laternen und lustiges Getier. Außer einer Gartenschere und Schnur oder Klebeband braucht man hauptsächlich Fantasie und ein bisschen Geduld. Verkleidet wird mit Transparentpapier und reichlich Tapetenkleister.

ALLES AST ...

GARTEN & BALKON

AST-LATERNEN

Dafür eignen sich gerade Äste und Zweige genauso gut wie krumme, aber auch Astgabeln mit mehreren Zweigen …

Die Äste passend abschneiden und mit Krepp-Klebeband fest zusammenbinden. Jetzt muss man sich überlegen, wie das Kunstwerk später beleuchtet werden soll:

- Den Boden offen lassen und die Laterne über ein Kerzenglas oder eine Lichterkette stellen.
- Soll die Laterne aufgehängt werden? Eine Abstellfläche für das Kerzenglas aus ein paar geraden Zweigen quer über den Boden an den unteren Zweigen festkleben.
- Für eine Lichterkette im oberen Drittel der Laterne ein Aufhänge-Kreuz aus Zweigen befestigen.

Verkleiden (am besten auf einer Folienunterlage): Weißes Transparent-Papier in breite Streifen schneiden und eine Seite mit Tapetenkleister und einem breiten Borstenpinsel einstreichen. Die Streifen nacheinander kreuz und quer um das Astgestell legen, mit dem Kleisterpinsel feststreichen und trocknen lassen. Den Boden nicht verkleiden!

Falls später richtige Kerzen in der Laterne brennen sollen, braucht die Laterne **Abzugslöcher:** Mit dem Cutter einen T-Schlitz einschneiden, die Ecken nach innen umklappen und mit Kleister festkleben oder die Ränder mit der Schere herausschneiden.
- Genauso kann man eine Öffnung in Handgröße für das Kerzenglas einschneiden.

Verzieren:
Blumen oder andere Formen aus buntem Transparentpapier ausschneiden, mit Kleister einstreichen und aufkleben. Alles mit dem Kleisterpinsel feststreichen und auf einer sauberen Folienunterlage trocknen lassen.

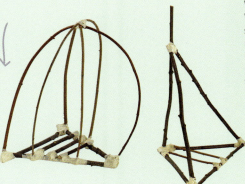

AST-VOGEL

Mehrere dünne lange Zweige zu einer Schlaufe formen und den Kreuzungspunkt mit Schnur abbinden.
Schnabel: Eine kleine Astgabel zwischen die Zweige stecken.
Schwanz: Zwei kleine Schlaufen aus dünnen Zweigen binden, zwischen die Zweige des Körpers stecken und festbinden.
Verkleiden: Breite Streifen und Verzierungen aus Transparentpapier schneiden, mit Tapetenkleister einpinseln, über die Ast-Konturen legen, festdrücken und glattstreichen, siehe auch Ast-Laternen. Den Ast-Vogel aufhängen oder einen passenden Zweig für die Beine mit Heißkleber am Körper oder mit einer Schraube am Vogelbauch befestigen.

Die mischen *kräftig auf!*

SCHMUCK FÜR BEET UND BLUMENKASTEN

1. Die Schnitte von der CD-ROM ausdrucken, auf Holzreste übertragen und aussägen.
2. Die Löcher (Ø 3,5 mm) für die Aufhängung bohren.
3. Die Ränder mit Schleifpapier glätten.
4. Die Konturen mit dem Brennstab nachziehen und die Felder mit verdünnter Acrylfarbe ausmalen (siehe auch S. 111: „Anleitung für Holzfiguren").
5. Aludraht abschneiden: etwa 30 cm lang für Blumenkästen, 50 cm lang für Beetstecker. Den Draht von hinten nach vorne und wieder zurück durch die Löcher fädeln und nach unten umbiegen. Die Drahtenden in die Kastenerde oder ins Beet stecken.

SUPER Idee!

Tipp:
So bleiben die Motive lange schön:
Alle Seiten und besonders die Ränder mit 2 bis 3 Schichten wetterfestem Lack bestreichen.

SCHNITTE ZUM AUSDRUCKEN
AUF DER CD-ROM

MATERIAL
Holzreste
Aludraht (Ø 3 mm)
Acrylfarben und Pinsel
WERKZEUG
Säge
Bohrer (Ø 3,5 mm)
Schleifpapier
Brennkolben
Seitenschneider

„DIE **KALTE SOPHIE** MACHT ALLES HIE".

Wenn es zwischen dem 11. und dem 15. Mai noch einmal richtig kalt und frostig wird, sind die 5 Eisheiligen daran schuld. Sie heißen Mamertus, Pankratius, Servatius, Bonifatius und Sophie.

EMPFINDLICHE PFLANZEN DÜRFEN DESHALB ERST NACH DEM 15. MAI INS FREIE.

GARTEN & BALKON

WENN DIE HENNEN GRAS FRESSEN, KOMMT REGEN.

Hängt die **"Wir-sind-im-Garten-Gießkanne"** an der Haustür, weiß jeder Besucher, dass er hier willkommen ist.
Die Vorlage zum Ausdrucken gibt es auf der CD-ROM.
In der "Anleitung für Holzfiguren" auf S. 111 steht, wie sie gemacht wird.

KÄFERDECKE

SCHNITT ZUM AUSDRUCKEN
AUF DER CD-ROM

GARTEN & BALKON

KRABBEL *tiere*

1. Die Schnitte ausdrucken, auf Filz übertragen und ausschneiden.
2. Den Kopf, die Fühler, die Punkte und den Mund auf dem Käferkörper festnähen.
3. Als Augen je zwei unterschiedlich große Knöpfe festnähen.
4. **Aufnähen:** Den Käfer auf der Decke feststecken und bis auf die Kopfrundung festnähen. Den Körper locker mit Füllwatte ausstopfen und die Kopfrundung zunähen.
5. Die Blumen mit Knöpfen auf der Decke befestigen.

SIEBENPUNKT-MARIENKÄFER

Der Siebenpunkt-Marienkäfer wurde zum Insekt des Jahres 2006 gekürt. Er hat mehr als 1000 verschiedene **Namen**, je nachdem in welcher Region Deutschlands er zu Hause ist. Er heißt Sonnenkäfer, Himmelmiezel, Herrgottsöchslein, Junikäfer, Huppawermel (Hopfenwürmlein), Läusefresser, Graupelmiezchen, Sprinzerl-Spranzerl, Goldschäfchen oder einfach nur Glückskäferle. Die sieben Punkte sollen die sieben Tugenden der Jungfrau Maria bedeuten. Die Begegnung mit einem Siebenpunkt soll Glück bringen. Man sagt, wenn einer auf einem unverheirateten Mann landet, so wird er im Laufe des kommenden Jahres heiraten.

MATERIAL
Gras-Stoff oder
eine grüne Fleece-Decke
Filz (2 mm): rot, schwarz,
weiß und gelb
Nähgarn
Bastelwatte
Knöpfe

WERKZEUG
Stecknadeln
Schere
Nähmaschine
Nähnadel

KÄFERHOCKER

Beine: Drei gerade Baumstämme etwa gleich lang absägen.
Körper: Eine ovale Scheibe in passender Größe aus einer dicken Holzplatte sägen und die Ränder mit Schleifpapier glätten.

- Die Konturen für Flügel, Kopf und Punkte mit Bleistift aufmalen und mit dem Brennkolben nachziehen.
- Den Käfer bemalen und auf seine Beine legen oder mit Schrauben befestigen. Die Schrauben versenken, damit Kleidung nicht hängen bleibt.
- Als Augen zwei Polsternägel eindrücken.

Mehr zum Thema „Nähen" auf S. 10

Der Frühling kleckst die Fenster bunt

MATERIAL
Fenster-Haftfolie:
farblos transparent
Acrylfarbe und Pinsel
zum Verzieren:
Perlenmaker oder Glitterliner
WERKZEUG
Schere
Unterlage
alter Lappen

1. Die Haftfolie mit dem Trägerpapier rechteckig zuschneiden.
2. **Schmetterling:** Die lange Seite bis zur Hälfte umfalten und wieder öffnen. Auf die rechte Seite reichlich bunte Acrylfarbe nebeneinanderklecksen oder -tropfen.
3. Die Folie der linken Hälfte bis zum Knick abziehen, über die bekleckste rechte Seite legen und vorsichtig über die Fläche streichen, bis die Farben sich verteilt haben.
4. Die Folie der linken Hälfte wieder abnehmen und zurück auf das Trägerpapier legen.
5. **Blume:** Mit einem breiten Pinsel großzügig eine Blüte mit Stiel auf die ungefaltete Folie malen.
6. Jetzt können die Kunstwerke noch mit Farbe und Pinsel ausgebessert oder verschönert werden. Anschließend müssen sie ein paar Stunden lang auf dem Trägerpapier liegend trocknen.
7. **Ausschneiden:** Den Schmetterling und die Blume entlang der entstandenen Farbränder großzügig ausschneiden. Wer sich nicht traut, kann die Konturen mit einem Filzschreiber vorher aufzeichnen.
8. Wer mag, kann jetzt noch schön mit bunten Perlenmakern oder Glitterlinern verzieren!
9. **Wenn alles trocken ist:** Die Haftfolie vom Trägerpapier lösen und auf eine saubere Fensterscheibe drücken. Mit einem weichen Tuch von innen nach außen feststreichen.

SCHMETTERLINGE

... haben ihre ausfahrbaren Trinkhalme immer dabei. Nach der Mahlzeit wird der Rüssel einfach wieder unter dem Kopf zusammengerollt. Die meisten Schmetterlinge haben Geschmacksknospen an den Füßen. Wenn der Kohlweißling mit den Vorderbeinen auf einem Kohlblatt herumtanzt, kann er das darin enthaltene Senföl schmecken.
Wo Flieder und Lungenkraut wächst, sieht man oft den lustigen Hummelschwärmer herumsausen. Er sieht aus wie eine Hummel und flattert wie ein Kolibri.

DEKORATION

Tipps für Haftfolie:
- Die unbemalte Folienseite haftet am Fenster, wenn es sauber ist.
- Die Motive müssen vor dem Fensterputzen nicht abgenommen werden. Die Folie ist wischfest!
- **Aufbewahren:** Abgenommene Motive einzeln auf Sichthüllen oder Folienbeutel drücken, glatt streichen und bis zum nächsten Gebrauch flach liegend lagern.
- Haftfolie hält auf allen glatten Flächen (z. B. Kunststoff, Metall, Plexiglas). Man kann damit auch den Kühlschrank, Spiegel, Heizkörper oder Autofenster verzieren.
- Falls sich die Folie ablöst, liegt es an fettigen oder staubigen Stellen: Die Folie mit einem feuchten Tuch abwischen und wieder festreiben. Sehr staubige Folie in warmes Wasser mit Spülmittel legen, mit einem Küchenschwamm abwischen und mit einem sauberen Tuch trocknen.

Der Schmetterling

VON WILHELM BUSCH

Sie war ein Blümlein hübsch und fein,
hell aufgeblüht im Sonnenschein.
Er war ein junger Schmetterling,
der selig an der Blume hing.
Oft kam ein Bienlein mit Gebrumm
und nascht und säuselt da herum.
Oft kroch ein Käfer kribbelkrab
am hübschen Blümlein auf und ab.
Ach Gott, wie das dem Schmetterling
so schmerzlich durch die Seele ging.
Doch was am meisten ihn entsetzt,
das Allerschlimmste kam zuletzt:
Ein alter Esel fraß die ganze
von ihm so heiß geliebte Pflanze.

Frühling aus der Restekiste

STOFFGEFLATTER

Die Schnitte für Schmetterling oder Vogel von der CD-ROM ausdrucken, ausschneiden, mit Stecknadeln auf Stoff (doppelt legen) befestigen und mit 1 cm Naht-Zugabe ausschneiden.
Die Zuschnitte rechts auf rechts legen und mit Stecknadeln fixieren.

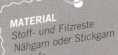

MATERIAL
Stoff- und Filzreste
Nähgarn oder Stickgarn
Knöpfe
Füllwatte
Fädelschnur oder Schmuckkordel
Nähgarn
WERKZEUG
Bleistift, Buntstift oder Filzschreiber
Schere und Cutter
Stecknadeln
Nähnadel oder Nähmaschine
Stopfnadel
Lochzange
Zackenschere
außerdem für die Schnipsel-Blumen und -Schmetterlinge:
Trinkhalme oder Holzstäbchen
Papierstreifen
Uhu extra
für die Kugelblumen:
Styroporkugeln
Holzstäbchen

Großer Vogel:
Den Körper mit der Nähmaschine bis auf die Rückenöffnung zunähen, wenden und mit Füllwatte ausstopfen. Die Öffnung zunähen und einen Knopf für die Filzflügel festnähen.
Flügel aus Filz: Den Schnitt auf Filz (2 mm) übertragen, ausschneiden und den Schlitz für den Knopf einschneiden. Die Flügel anknöpfen.
Flügel aus Stoff: Zwei Zuschnitte rechts auf rechts mit Stecknadeln fixieren und zusammennähen. Vor dem Verschließen der Naht etwas Bastelwatte einlegen. Die Flügel annähen.

Schmetterling:
Die Flügel mit der Nähmaschine bis auf die Kopföffnung zunähen, wenden und ein wenig Füllwatte in die Flügel legen.
Fühler: Zwei Stückchen Fädelschnur oder Schmuckkordel in die Öffnung legen und festnähen. Die Öffnung zunähen. Die Flügelmitte mit der Nähmaschine absteppen.

JEANSTASCHE
Dafür muss eine alte Jeans herhalten: Die Hose umwenden, die Beine abschneiden, die Öffnungen zunähen und wieder wenden.
Henkel: Aus den Beinen 2 Streifen für die Henkel schneiden: Die Streifen rechts auf rechts längs zusammenlegen, abnähen, wenden und an den Hosenbund nähen.
Stoffblumen: Kreise in verschiedenen Größen (Ø 12 - 18 cm) aus Stoffresten ausschneiden. Am Rand entlang Heftstiche nähen, den Faden zusammenziehen und mit dem Fadenende einen Knopf in der Mitte befestigen.
Verschluss: Ein paar Zentimeter Klettband innen mittig in beide Seiten des Hosenbunds nähen.
- Die Blumen festnähen.
- Ein Schmuckband oder einen Gürtel durch die Schlaufen ziehen.

Mehr zum Thema „Nähen" auf S. 10.

Kleiner Vogel:
Einen Stoffrest links auf links legen. Den Schnitt auflegen und die Konturen mit Bleistift übertragen. Die Kontur bis auf eine Öffnung von 3 cm mit der Maschine nähen, wenig Bastelwatte einfüllen und mit einem Holzstäbchen verteilen. Die Naht schließen.
Den Vogel außerhalb der Naht großzügig mit der Zackenschere ausschneiden.
Den Stoff für die Flügel auf Fotokarton kleben, die Flügel ausschneiden und auf den Vogelkörper kleben.
Augen: Knöpfe oder Holzperlen festnähen.

KUGEL-BLUME
1. Mit der Zackenschere viele kleine Rechtecke aus bunten Stoffresten ausschneiden.
2. Die Schnipsel mit einer Häkelnadel in eine Styroporkugel drücken.
3. Einen Holzstab in die Kugel stecken.
4. Blätter aus Filz ausschneiden, mit der Lochzange lochen und auf den Stiel schieben.

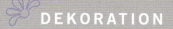

DEKORATION

BLUMEN UND SCHMETTERLINGE

Dafür braucht man rechteckige Stoffreste in verschiedenen Größen: für den Schmetterling ca. 10 x 15 cm, für die Blume ca. 40 x 5 cm, außerdem Filzreste, Stickgarn und eine Nadel, eine Zackenschere, eine Lochzange und Trinkhalme oder Holzstäbchen.

Schnipsel-Schmetterling:
1. Den Schnitt für den Körper von der CD-ROM ausdrucken, auf Filzreste übertragen und 2 x ausschneiden.
2. Die Löcher mit der Lochzange stanzen.
3. Den Flügelzuschnitt in der Mitte zusammenraffen und mit Garn umwickeln.
4. Den Flügel zwischen die Körperhälften legen und mit Stickgarn durch die Löcher festnähen.
5. Als Fühler geringelte Papierstreifen zwischen die Kopfhälften kleben.

Schnipsel-Blume:
1. Einen Längsrand des Stoffstreifens mit Nähgarn zusammenraffen und den Faden vernähen.
2. Aus Filzresten Kreise ausschneiden.
3. Jeweils zwei gleiche Filz-Scheiben aufeinanderlegen und mit der Lochzange 4 Löcher – wie bei einem Knopf – einstanzen.
4. Die Blume zwischen die Filzscheiben legen und mit Stickgarn festnähen.
5. Ein Holzstäbchen oder einen Trinkhalm zwischen die Filzscheiben schieben.

LEUCHTENDE BLUMENGIRLANDE

Außer bunten Filzresten braucht man noch eine LED-Lichterkette, etwas Blumendraht und eine kleine Zange oder einen Seitenschneider.
1. Die Schnitte für Blüten und Blätter von der CD-ROM ausdrucken, mit Buntstift oder Filzschreiber auf bunte Filzreste (2 - 3 mm) übertragen und ausschneiden.
2. Die Löcher für die Birnchen mit der Lochzange durch beide Blütenteile stanzen und die Blätter mit einem Cutter schlitzen.
3. Die Birnchen durch beide Blütenteile schieben und die Blätter an der Leitung befestigen: Die Leitung zu einer kleinen Schlaufe biegen, die Schlaufe durch den Blätterschlitz schieben und ein Stück Draht durch die Schlaufe fädeln. Die Drahtenden um ein Holzstäbchen wickeln, damit sie sich kringeln.

FILZERLING
1. Die Schnitte von der CD-ROM ausdrucken, auf Filzreste übertragen und ausschneiden.
2. Die angegebenen Löcher in Flügel, Bauch und Kopf einstanzen.
3. Den Körper auf die Flügel nähen.
4. Für die Fühler Schmuckkordel durch die Löcher ziehen und die Enden verknoten.

SCHNITTE FÜR FILZGIRLANDE, VÖGEL UND SCHMETTERLINGE ZUM AUSDRUCKEN AUF DER CD-ROM

Die Sachenmacher

Topfblumen
für Leute ohne grünen Daumen ... die blühen immer!

MATERIAL
für Blumen und Untersetzer:
Sperrholz (6 mm)
für die Blumentöpfe:
Sperrholz (20 mm)
Holzdübel (Ø 7 x 25 mm)
Acrylfarbe und Pinsel
Nägel (Ø 1,5 mm,
ca. 34 mm lang)
zum Verzieren:
Perlenmaker, Mosaiksteine,
Glitter, Schmucksteinchen,
Glasnuggets
Schmucksteinkleber
WERKZEUG
Bleistift
Säge
Bohrer (Ø 1,5 und 7 mm)
Schleifpapier
Zange

1. Die Schnitte von der CD-ROM ausdrucken und ausschneiden.
2. Die Töpfe auf dickes Sperrholz (20 mm), die Blumen und Untersetzer auf dünnes (6 mm) Sperrholz übertragen und aussägen.
3. Die angegebenen Löcher in Topfboden und Untersetzer bohren.
4. Alle Ränder mit Schleifpapier glätten.
5. Alle Teile bemalen und nach dem Trocknen verzieren (siehe auch S. 6: „Holzbearbeitung").
6. In den Blumenstiel von unten 2 Löcher (Ø 1,5 mm, 15 mm tief) für die Nägel bohren. Die Nagelköpfe mit einer Zange abzwicken und die Nägel in die Löcher stecken.
7. Den Stiel auf die Mitte des Blumentopfs stellen und leicht andrücken. Die Druckstellen mit dem Bleistift markieren und die Löcher mit dem Bohrer 15 mm tief bohren.

Zusammenbauen: Topf und Untersetzer mit Holzdübeln verbinden und die Blume in den Topf stecken.

SCHNITTE ZUM AUSDRUCKEN
AUF DER CD-ROM

DEKORATION

Fast nur Natur ...

1. Den Schnitt ausdrucken, ausschneiden und auf dicke Brettchen aus Lindenholz übertragen.
2. Die Figuren mit der Stichsäge aussägen.
3. Die Konturen mit dem Hohleisen herausschnitzen und die Ränder mit dem Schnitzmesser oder einer Raspel abrunden.
   Immer vom Körper weg arbeiten und einen Schutzhandschuh über die Haltehand ziehen (siehe auch S. 7: „Schnitzen").
4. Unebenheiten mit feinem Schleifpapier glätten und den Schleifstaub abkehren.
5. Die Figur mit einem Schwamm nass machen, trocknen lassen und den restlichen Schleifstaub abwischen.
6. Zum Schluss mit einem weichen Lappen Bienenwachs, Holz- oder Lederfett in das Holz reiben.

SCHNITZEN

Zum Schnitzen eignet sich am besten Lindenholz, aber auch Pappel- oder Birkenholz kann man gut bearbeiten.

SCHNITTE ZUM AUSDRUCKEN
AUF DER CD-ROM

TULPE UND HASE

Mehr zum Thema „Holzbearbeitung und Schnitzen" auf S. 6/7 und auf der CD-ROM!

**MATERIAL
für Tulpe und Hase:**
Lindenholz
WERKZEUG
Bleistift
Stichsäge
Schnitzwerkzeug
Schleifpapier
zum Versiegeln:
Bienenwachs oder Holzfett
weicher Lappen

Mooskranz: Einen Kranz und Kugeln in verschiedenen Größen aus Styropor mit Moos verkleiden: Das Moos entweder mit Drahtklammern (z. B. Strohblumen-Klammern) feststecken oder mit dünnem Blumendraht umwickeln.

Braune Eier mit weißen Dingen verzieren, z. B.:
- mit einem Borstenpinsel Linien ziehen
- mit dem Finger Farbe auftupfen
- mit dem Perlenmaker Muster aufmalen oder -tupfen
- Filz- und Papierschnipsel oder Schmucksteinchen aufkleben

Warten die Schneeglöckchen-Kinder auf die ersten Sonnenstrahlen?

MATERIAL
für die Schneeglöckchen:
Filzplatten (2 mm):
weiß und dunkelgrün
Aludraht oder Diamantdraht: grün
Holzperlen in verschiedenen
Größen: gelb und grün
Filzschreiber: hellgrün
und zusätzlich für die Figuren:
Softknete
Bastelfarbe und Pinsel
Korken
dünne Filzreste: braun und grün
Märchenwolle: hellgrün
Glöckchen
Schmucksteine
Schmucksteinkleber
WERKZEUG
für die Schneeglöckchen:
Bleistift
Stecknadeln
Schere
Lochzange
Schmuckzange
und zusätzlich für die Figuren:
dicke Stopfnadel
Heißklebe-Pistole
Holzstäbchen

DEKORATION

DIE VERBLÜHEN NIE! →

Schneeglöckchen:
1. Die Schnitte für die Blätter und Blütenblätter von der CD-ROM ausdrucken, auf Filzplatten übertragen, die Teile ausschneiden und mit der Lochzange Löcher einstanzen.
2. Den gewellten Rand der Blütenmitte mit einem hellgrünen Filzschreiber bemalen.
3. Ein Stück Draht abzwicken, ein Drahtende als Perlenstopper umbiegen und die Einzelteile in folgender Reihenfolge auffädeln:
- 1 kleine gelbe Holzperle
- 1 Blütenmitte
- 3 Blütenblätter
- 1 große grüne Holzperle
- 1 kleine grüne Holzperle (Stiel umbiegen!)
- 1 langes Blatt

Schneeglöckchen-Elfe und Kobold
1. Die Köpfe aus Softknete formen und auf Holzstäbchen trocknen lassen.
2. Die Gesichter mit Bastelfarbe bemalen.
3. Aludraht für Arme, Beine (ca. 11 cm lang) und Hals (ca. 3 cm lang) in Stücke schneiden, in den Korken stecken und festkleben. Die Löcher kann man mit einer Stopfnadel vorbohren.
4. Die Schnitte für die Kleidung von der CD-ROM ausdrucken, auf Filzreste übertragen und ausschneiden.
5. **Anziehen:** Die Elfe bekommt ein weißes Blütenkleid, das mit kleinen Schmucksteinchen verziert wird. Der Kobold zieht ein Hemdchen mit einem Gürtel, eine Zipfelmütze mit einem Glöckchen daran und grüne oder braune Stiefel an.
6. Den Kopf und den Körper mit dem kleinen Drahtstück verbinden.
7. Eine Frisur aus Märchenwolle auf den Kopf kleben.

SCHNEEGLÖCKCHEN

Das Schneeglöckchen wird auch Hübsches Februar-Mädchen, Weiße Jungfrau oder Milchblume genannt. Es gehört zur großen Familie der Zwiebelpflanzen. Tulpen, Narzissen, Krokusse, Hyazinthen oder Scilla sind seine Verwandten. Man steckt die Zwiebeln im Herbst in die Erde, damit sie im Frühling blühen. Während der Blütezeit verbrauchen die Blumen viel Kraft und alle Nährstoffe, die in ihrer Zwiebel gespeichert sind. Wenn die Blätter langsam eintrocknen, geben sie ihre Nährstoffe wieder an die Zwiebel zurück. Die Mutterzwiebel wächst und bildet kleine Zwiebelkinder. Die müssen aber erst noch eine Weile wachsen, bevor sie genauso schön blühen können.

3x

Habt ihr das Buch: „Etwas von den Wurzelkindern" schon gelesen? Sibylle von Olfers hat es im Jahr 1906 geschrieben und sehr schöne Bilder dazu gemalt. Sie hat sich noch viele andere Frühlingsgeschichten ausgedacht, z. B. die Hasengeschichte „Mummelchen und Pummelchen" oder „Im Schmetterlings-Reich".

SCHNITTE ZUM AUSDRUCKEN
AUF DER **CD**-ROM

DEKORATION

Mini-Maibaum

Die erste Liebe und der Mai geh'n selten ohne Frost vorbei.

Kranz: Einen Strohkranz rundherum mit grünen Zweigen bestecken. Das geht am besten mit Drahtklammern (z. B. Patenthaften 17 x 35 mm).
Herzen: 5 Herzen aus Holzresten sägen (Schnitt auf der CD-ROM) und die Löcher bohren. Die Herzen mit brauner Acrylfarbe bemalen und mit Perlenmaker in Weiß, Rosa und Hellblau verzieren.
Brezeln: 4 Brezeln aus brauner lufttrocknender Modelliermasse formen. Nach dem Trocknen mit weißem Perlenmaker Salzkörnchen auftupfen.
Blumentopf: Einen Tontopf blau bemalen und mit weißen Mustern verzieren.
Stamm: Einen Rundstab (z.B. Besenstiel) weiß grundieren und trocknen lassen. Malerkrepp spiralförmig um den Stab wickeln und blau bemalen. Wenn die Farbe trocken ist, das Kreppband vorsichtig abziehen. In eine Seite des Rundstabs einen Kreuzschlitz etwa 1 cm tief sägen.

Zusammenbauen:
1. Den Stamm in den Blumentopf stellen und mit Sand und Kies auffüllen.
2. Den Kranz mit 2 langen Bändern über Kreuz in die Schlitze hängen und die Knoten mit Schleifen verzieren.
3. Die Herzen und die Brezeln mit dünnen Bändern aufhängen und dazwischen Schleifenbänder mit Draht befestigen.

SCHNITT FÜR DIE HERZEN
AUF DER -ROM

DER 1. MAI

Seit dem Mittelalter wird dieser Gedenktag für die **Schutzheilige Walpurga** gegen Pest, Husten und Tollwut gefeiert.
In der Nacht vor dem 1. Mai, **Walpurgisnacht** genannt, sollen sich alle Hexen auf dem Blocksberg im Harz treffen. Überall werden große Hexen-Feuer angezündet, mit denen die bösen Geister vertrieben werden sollen.
Beim **Maisprung** müssen frisch Verliebte Hand in Hand über das Feuer springen.
Maiglöckchen: Wer am 1. Mai ein Sträußchen bei sich trägt, dem lacht das Glück ein ganzes Jahr lang.

Freinacht oder auch Hexennacht heißt diese Nacht der Streiche in Bayern. Da rauben sich – trotz aller Vorsichtsmaßnahmen und Wachen – Nachbargemeinden gegenseitig den Maibaum, der in der Dorfmitte aufgestellt wurde. Er kann nur gegen Bier und Brotzeit wieder eingelöst werden. Auch in anderen Gegenden Deutschlands wird in dieser Nacht viel Schabernack getrieben. Da werden Türklinken mit Schuhcreme eingestrichen, Fenster mit Rasierschaum besprüht und alles, was nicht befestigt ist, wird umgeräumt oder versteckt.
Mai-Strich: In der Nacht werden weiße Linien mit Kalk, Kreide oder Sägemehl zwischen den Häusern von heimlich Verliebten gezogen.
Maienstecken: Junge Männer stecken ihrer angebeteten Herzensdame heimlich ein mit Bändern oder Krepp-Papierstreifen geschmücktes Birkenbäumchen auf das Dach oder stellen es vor die Tür. Die Größe des Bäumchens hat aber nichts mit der Größe der Liebe zu tun! Ein kleiner Birkenzweig ist genauso viel wert!

Campanula kakinensis

GLOCKENBLUME

Man braucht dafür Garnreste und eine passende Häkelnadel, z. B. LL ca. 120 m, Häkelnadel Nr. 2,5.

Es wird mit festen Maschen in Runden gehäkelt:
1. Runde (Anschlag in Fadenring): 8 FM, mit 1 KM in die 1. FM schließen.
2. Runde: jede 2. FM verdoppeln = 12 M
3. Runde: jede 3. FM verdoppeln = 16 M
4. Runde: jede 4. FM verdoppeln = 20 M
5. Runde: jede 5. FM verdoppeln = 24 M
6. Runde: jede 6. FM verdoppeln = 30 M
7. - 15. Runde: ohne Zunahmen weiterhäkeln
16. Runde: Blütenblätter: *2 M überspringen, 7 ST in die 3. M, 1 FM in die 5. M*, **von * bis * wiederholen**. Die Runde mit 1 KM in die 1. Masche schließen und den Faden vernähen.

Staubfäden mit Aufhängeschlaufe
- Eine Luftmaschenschnur (ca. 70 Maschen) häkeln und die Mitte der Schnur zu einer ca. 3 - 4 cm langen Schlaufe verknoten.
- Schmuckperlen auf die Schnur-Enden fädeln, verknoten und abschneiden.
- Die Schlaufe bis zum Knoten von innen durch das Anschlagloch ziehen.

Dauerblüher: Häkelblümchen …

Blätter-Krönchen:
Anschlag: 3 LM und 11 ST in einen Fadenring häkeln. Die Runde mit 1 KM in die 3. LM schließen.
Blätterrunde: *3 LM, 2 zusammen abgemaschte ST, 3 LM, 1 FM in die gleiche Masche wie das 2. ST*, **von * bis * wiederholen**.

```
M    = Masche
│    = FM = feste Masche
○    = LM = Luftmasche
│    = ST = Stäbchen
⌒    = KM = Kettmasche
```

Fertigstellen: Das Blätter-Krönchen über den Stiel schieben und alle Fäden vernähen.

Gestaltungstipps:
- Bunt geringelte Blüten häkeln oder die Blüten rundherum mit einfachen Stichen besticken.
- Kleine Glöckchen an die Staubfäden knoten.
- Zum Verschenken: Gärtner-Etiketten in verschiedenen Formen und Farben (siehe CD-ROM) ausdrucken, ausschneiden, beschriften und an die Blume binden.

BLUMENTASCHE: Viele Häkelblümchen auf eine Stofftasche nähen.

DEKORATION

Der Frühling hängt an der Tür …

1. Den Schnitt für die Wiese von der CD-ROM ausdrucken, ausschneiden und mit Stecknadeln auf einem doppelt gelegten Filzzuschnitt befestigen.
2. Die Wiese ausschneiden, mit Stecknadeln zusammenstecken und die beiden Teile bis auf eine kleine Öffnung zusammennähen.
3. Die Stecknadeln entfernen, etwas Bastelwatte in die Wiese füllen und mit einem Holzstab verteilen.
4. Die Öffnung zunähen, ein paar Dauerblüher und schöne Knöpfe auf die Wiese nähen.

Aufhängen: Eine lange Luftmaschen-Schnur häkeln und in jede Luftmasche 1 feste Masche häkeln. Den Faden abschneiden, vernähen und die Schnur auf der Wiesenrückseite festnähen.

„KLEINER HÄKELKURS"
AUF DER -ROM

DAUERBLÜHER: STOFFBLUMEN

1. Die Schnitte von der CD-ROM ausdrucken und ausschneiden.
2. Stoffreste rechts auf rechts legen und die Schnitte mit Stecknadeln befestigen.
3. Viele bunte Blumen ausschneiden und mit der Nähmaschine bis auf eine kleine Öffnung zusammennähen.
4. Die Blumen wenden, etwas Bastelwatte einfüllen und mit einem Holzstäbchen verteilen.
5. Aus Stickgarn bunte Blümchen häkeln (Zählmuster auf der CD-ROM) und auf die Stoffblümchen nähen.
6. **Stiele:** Dünne Schläuche aus grünen Stoffresten nähen und wenden. Ein Holzstäbchen durch den Schlauch in die Öffnung der Blume schieben.
7. **Blätter:** Stoffreste ca. 16 x 6 cm groß zuschneiden, längs rechts auf rechts zusammenlegen und bis auf eine kleine Öffnung zunähen. Die Blätter wenden, die Öffnungen zunähen und die Blätter um die Stiele knoten.

SCHNITTE UND ANLEITUNGEN
ZUM AUSDRUCKEN
AUF DER CD-ROM

TÜRWIESE

HÄKELBLÜMCHEN: Bastelspicker und Zählmuster auf der CD-ROM!

MATERIAL
Filzzuschnitt (2 mm, 50 x 60 cm): grün
Dauerblüher
Knöpfe
Baumwollgarn
Nähgarn
WERKZEUG
Schere
Stecknadeln
Nähmaschine
Nähnadel
Häkelnadel

DEKORATION

Kreuzchen-Sticken
...macht in jedem Alter Spaß

(1) STICKSTECKER
Stickkarton reichlich groß zuschneiden, das gewünschte Motiv aufsticken und die Fäden ordentlich auf der Rückseite vernähen. Die Konturen entweder mit Abstand um das Motiv herum ausschneiden oder ein Ei (Eier-Schablonen siehe „Vorlagen Frühling/Ostern" auf der CD-ROM), ein Oval oder einen Kreis auflegen, anzeichnen und ausschneiden. Ein Holzstäbchen durch die Fäden auf der Rückseite schieben.

(2) Die Anleitung für den Filz-Flechtkorb gibt es auf Seite 92.

(3) TISCHBAND
Jutegewebe in gewünschter Länge und Breite zuschneiden. Die Ränder mit der Nähmaschine ketteln oder mit großen Saumstichen einfassen und später ausfransen.
Die gewünschten Zählmuster von der Mitte aus einteilen und das mittlere Motiv zuerst sticken.

DEKO-KISSEN
Grobes Sackgewebe mit großen Kreuzchen über 2 oder 3 Löcher mit dickem Baumwollgarn besticken. Als Rückwand Jutegewebe mit Stecknadeln befestigen und beide Teile mit der Kontur verbinden: Spannstiche mit etwas Abstand um das Motiv sticken. Bevor das letzte Stück zusammengenäht wird, Bastelwatte oder Heu in das Kissen füllen. Das Gewebe außerhalb der Kontur großzügig abschneiden. Den Rand ausfransen und danach in Form schneiden.

MATERIAL
Jutegewebe
Stickkarton
Sticktwist oder Baumwollgarn
WERKZEUG
Sticknadel
Schere

KRANZ MIT STICKBILD
Einen Wellenring mit Buchsbaum und Blumendraht umwickeln (siehe auch S. 70: „Floristik").
- Sackgewebe größer als den Kranz zuschneiden und das Motiv in die Mitte sticken.
- Mit dem Zirkel einen Kreis in der Größe des Kranzes auf Pappe zeichnen und ausschneiden.
- Die Pappe mit Weißleim bestreichen, das Stickmotiv auflegen, feststreichen und trocknen lassen.
- Den Kranz mit Heißkleber auf die Pappscheibe kleben oder mit Drahtstücken an mehreren Stellen festbinden.

STICK-TIPPS:
- Jutegewebe reichlich groß zuschneiden oder den Rand mit großen Saumstichen umnähen, damit die Fäden beim Sticken nicht ausfransen.
- **Einteilen und Auszählen:** Mit farbigem Garn am linken und am unteren Geweberand Spannstiche so breit wie die gewünschten Kreuzchen über 2 oder 3 Löcher ziehen. Jetzt kann man leicht abzählen, wo die Mitte des Motivs ist und wie breit der Rand sein soll.

Mehr zum Thema „Sticken" auf S. 10 und auf der CD-ROM.

Gestaltungstipp für Pflanzschalen und Sträucher:
Die Deko-Kissen mit Holzklammern oder Draht an Ästen befestigen.

KREUZSTICH-VORLAGEN „FRÜHLING"
ZUM AUSDRUCKEN
AUF DER -ROM

Die Abzählvorlagen könnt ihr auch prima für Anhänger aus Bügelperlen oder Mosaikuntersetzer verwenden.

Die Sachenmacher

Ausmal-Schmetterlinge
... können auch im Freien herumflattern, wenn sie laminiert werden.

Vorlagen zum Ausdrucken für viele verschiedene Schmetterlinge gibt es auf der CD-ROM. Man kann sie beliebig vergrößern oder verkleinern.

1. Transparentes Entwurfspapier in der Mitte falten, eine Schmetterlings-Vorlage dazwischen legen und die Ränder mit kleinen Klebefilmstückchen fixieren.
2. Die Felder mit Fasermalern ausmalen.
3. Mehrere bunte Schmetterlinge ausschneiden und mit genug Abstand in die Laminier-Folien einlegen.
4. Nach dem Laminieren wird die Folie mit etwas Rand um die Schmetterlinge abgeschnitten.

Aufhängen: Feines Nähgarn oder dünnen Draht mit einer Nähnadel durch den Folienrand ziehen.

Gestaltungstipp:
Fühler: Ein Stück feinen Draht durch die Folie und wieder zurückziehen und die Enden um ein Holzstäbchen wickeln. Das Holzstäbchen herausziehen und die Fühler in Form biegen.

AUSMALVORLAGEN „SCHMETTERLINGE"
AUF DER **CD**-ROM

Fit-Bombe
GEGEN FRÜHJAHRSMÜDIGKEIT

Kiwis und Orangen auspressen, mit der gleichen Menge Apfelsaft oder weißem Traubensaft mischen und mit Grapefruit- oder Zitronensaft würzen.
Den Saft in gezuckerte Gläser füllen, einen Obstspieß hineinstecken und auf jedes Glas eine Kiwi- oder Orangenscheibe klemmen.
Gläser zuckern: Den Rand erst in Zitronensaft und gleich danach in eine Schüssel mit Zucker tauchen.

HASE ODER KANINCHEN?

Hasen haben längere Ohren und kräftigere Hinterbeine als Kaninchen.

Kaninchen wohnen in Erdhöhlen und Hasen leben im freien Feld.

Kaninchen kommen nackt und blind zur Welt, wogegen Hasen schon ein Fell und geöffnete Augen haben.

Die Hasenapotheke

Wiesenknopf, Kamille, Ringelblumen, Spitzwegerich, wilde Möhren und Bockshornklee gehören zu den Kräutern, die Feldhasen am liebsten fressen. Deshalb bleiben sie gesund und strotzen vor Kraft und Energie.

Die Anleitung für Meister Lampe gibt es auf S. 111 „Anleitung für Holzfiguren".

MUCKI LANGOHR

Vor? Zurück? Oder doch vor? Am letzten Sonntag im März wird die Uhr in der Nacht um eine Stunde vorgestellt. Dann ist es zwar abends länger hell, aber früh gähnen alle um die Wette. Wenn der Wecker um Sieben klingelt, ist es eigentlich erst 6 Uhr. Deshalb mache ich jetzt mein Sommerzeit-Nickerchen. Ihr auch?

DEKORATION

*Sei wie das Veilchen im Moose:
sittsam, bescheiden und rein
und nicht wie die stolze Rose,
die immer bewundert will sein.*

STIEFMÜTTERCHEN

Stiefmütterchen gehören zur großen Veilchen-Familie. Die süß duftenden Märzveilchen breiten sich unter Gebüschen und an Waldrändern aus. Ihre Blüten und Blätter helfen als Tee nicht nur bei Keuchhusten. Man soll sie im Schatten pflücken und trocknen. Das Kraut des Wilden Stiefmütterchens – auch Kathrinchen genannt – hilft bei vielen Beschwerden. Die Garten-Stiefmütterchen haben keine Heilwirkung – sie sind allein wegen ihrer Schönheit auf der Welt.

GRASKRANZ

- Langes frisches Gras mit der Schere abschneiden.
- Die Gräser um einen Styroporkranz wickeln und die Enden mit Patenthaften auf der Rückseite feststecken.
- Fotos von Stiefmütterchen ausdrucken, ausschneiden und laminieren.
- Die Folie mit etwas Rand um die Stiefmütterchen herum abschneiden.
- Den Kranz mit Filzschnüren dekorieren und die Stiefmütterchen mit Heißkleber oder Blumendraht befestigen.

GRASKRANZ

Geht mal mit eurer Kamera auf Stiefmütterchen-Suche. Jedes hat ein anderes Gesicht! Wenn ihr genug Bilder habt, könnt ihr ein Memory wie auf Seite 22 damit basteln oder ein Poster und andere schöne Dinge daraus gestalten.

FRÜHLINGS-

Dafür braucht man schöne Gläser, ein paar einfache Dinge und ein bisschen Geduld.
- Der Glasboden wird mit Deko-Sand oder bunten Steinchen, Blättern, Heu oder Papierschnipseln bedeckt.
- Die Gläser müssen vor dem Bekleben gespült werden.
- Die Gewinde von Schraubgläsern kann man nach dem Dekorieren mit einem Schmuckband verkleiden.

„Millefiori" ist ein italienisches Wort und es bedeutet: „Tausend Blumen".

Blumenglas (1)
1. Blätter und Blüten in verschiedenen Größen aus Strohseide ausschneiden.
2. Weißleim mit etwas Wasser verdünnen.
3. Das Glas mit dem Pinsel stellenweise mit Leim bestreichen.
4. Die Blätter und Blüten nacheinander festkleben: Zuerst die Rückseite mit Leim einpinseln, das Motiv auf die vorgestrichene Stelle drücken und mit Leim überstreichen. Besonders die Ränder gut festpinseln und trocknen lassen.
5. Mit Perlenmakern Verzierungen aufmalen.
6. Nach dem Trocknen eine LED-Lichterkette in das Glas legen: Das Batteriefach mit grünem Seidenpapier einwickeln und mit Gummiringen oder Klebefilm fixieren und das Papier über dem Schalter herausschneiden. Ein paar grüne Seidenpapierschnipsel im Glas verteilen.

Die Erdbeeren (3) werden genauso gemacht wie die Blümchen:
- Rote Fensterfarbe in Erdbeerform auf die Folie malen und gleich kleine gelbe Tupfen hineintropfen.
- Für die Fruchtblätter kleine grüne Tupfen über die Erdbeere tropfen und gleich mit einem Zahnstocher zu Zacken formen.

Millefiori-Gläser (2)
Mit Window Color oder anderen Malfarben im Liner-Fläschchen viele lustige Blümchen auf Klarsichthüllen tropfen und trocknen lassen:
- Zuerst einen großen Klecks mit heller Farbe auf die Folie tropfen und sofort in anderen Farben kleine bunte Klecks eintupfen oder Kreise ziehen.
- Bis zum Trocknen müssen die Blümchen flach liegen bleiben. Dann kann man sie abziehen und auf das saubere Glas drücken.

Das Trinkglas mit Schmetterlingen wird genauso beklebt wie das Blumenglas.

Leuchtgläser

Die Anleitung für die Frühlingslaterne gibt es auf S. 124.

MARIA BLÄST'S LICHT AUS, MICHAEL ZÜNDT'S WIEDER AN.

Ab Maria Lichtmess am 2. Februar ist es schon wieder so hell, dass man tagsüber keine Lampen und Kerzen mehr anzünden muss. Erst ab dem 29. September, dem Michaelstag, werden die Tage wieder dunkler.

Pflanzenlichter (4)
Frühlingsblumen (Wiesenschaumkraut, Himmelschlüssel, Buschwindröschen, Gänseblümchen) und Blätter (Löwenzahn, Hahnenfuß oder zarte Kräuter) in der Blumenpresse oder zwischen Buchseiten ein paar Tage lang pressen.
- Ein gespültes Glas mit Weißleim bestreichen und die getrockneten Pflanzenteile auflegen. Mit einem weichen Flachpinsel vorsichtig eine zweite Leimschicht über die Pflanzen streichen und alles trocknen lassen.
- Das Glas bis zur Hälfte mit Heu füllen und eine LED-Lichterkette darin verstecken.

Für das Grasglas (5) wird alles frisch gepflückt:
- Einen langen Zopf und ein Herz aus Grashalmen flechten.
- Den Zopf und um das Schraubgewinde legen und die Enden mit feinem Draht verbinden.
- Das Herz mit Klebegummi auf das Glas drücken.
- Den Glasboden mit frischen Blättern (z. B. von der Birke) bedecken und eine Kugelkerze hineinstellen.

Die Sachenmacher

SchmuseKRABBLER

Für die **Schmusekrabbler** braucht man bunte Garn- oder Wollreste und eine passende Häkel- oder Stricknadel. Die Anleitungen zum Ausdrucken für die **gehäkelten** und **gestrickten** Schmusekrabbler sowie die Häkelblümchen gibt es auf der CD-ROM.

GESTRICKTE SCHMUSEKRABBLER
Es wird glatt rechts oder kraus rechts gestrickt.

Bauch
Anschlag: 12 M
1. – 12. Reihe: jeweils beidseitig 1 M zunehmen = 24 M
13. – 34. Reihe: geradeaus stricken = 24 M
35. – 47. Reihe: jeweils beidseitig 1 M abnehmen = 12 M
Die restlichen 12 M abketten.

Rücken
Wie den Bauch stricken, jedoch in der 17. Reihe die Farbe wechseln.

| M = Masche |
| FM = feste Masche |
| LM = Luftmasche |

Wer größere Käfer stricken oder häkeln will, z. B. für Kissen, muss entsprechend mehr Zunahme-, Mittel- und Abnahmereihen stricken.

Tipp: Die Randmaschen als Knötchenrand stricken: die erste und letzte Masche jeder Reihe **rechts** abstricken!

Fertigstellen
a) Die Ränder der beiden Teile mit festen Maschen umhäkeln, alle Fäden vernähen. Die Teile aufeinanderlegen und mit festen Maschen zusammenhäkeln.
b) Die beiden Teile mit Saumstichen zusammennähen.
Vor dem Verschließen mit Füllwatte ausstopfen.
Flügelmitte: Maschenstiche oder Spannstiche aufsticken.
Fühler: 15 bis 20 LM anschlagen und in jede LM 2 FM häkeln. Die Fühler annähen.
Augen: Knöpfe oder Tieraugen annähen.
Verzieren: Den Rücken besticken (siehe auch S. 10: „Sticken"), Häkelblümchen, Knöpfe oder Schmuckperlen aufnähen.

Schmerz-weg-Krabbler
Mit Kirschkernen oder Dinkelkörnern gefüllte Käfer aus Wolle oder Baumwolle helfen bei kleinen Wehwehchen und können in der Gefriertruhe gekühlt oder im Backofen auf 100 °C erwärmt werden.
Achtung: Keine Kunstfasern oder Verzierteile aus Kunststoff verwenden!

Kalte Anwendung:
- Sportverletzungen
- Verstauchungen
- vereiterte Zähne
- Migräne

Warme Anwendung:
- Bauchweh
- rheumatische Beschwerden
- Einschlafhilfe

BASTELSPICKER UND KLEINER HÄKELKURS
AUF DER CD-ROM

DEKORATION

Kissenfreund „Pieps"

1. Die Schnitte für Schnabel, Beine und Schwanz ausdrucken, auf Filz übertragen und ausschneiden.
2. Die Stoffränder ein Füßchen breit mit der Nähmaschine säumen.
3. Den Stoff in der Mitte falten, den Schnabel und den Schwanz dazwischenlegen und mit Stecknadeln feststecken.
4. Das Kissen und die Filzteile bis zum Schwanz zusammennähen.
5. Bastelwatte einfüllen und die Naht schließen.
6. Für das Bein einen Knopf auf beide Kissenseiten nähen.
7. In jedes Bein mit dem Cutter einen Schlitz in Knopfgröße schneiden und das Bein anknöpfen.
8. Zwei Knopfaugen annähen.
9. Den Schwanz mit kleinen Knöpfen verzieren.

MATERIAL
bunter Stoff (80 x 40 cm)
Filzplatten (3 mm)
Bastelwatte
Knöpfe
Nähgarn

WERKZEUG
Bleistift
Stecknadeln
Schere und Cutter
Nähmaschine
Nähnadel

SCHNITTE ZUM AUSDRUCKEN AUF DER CD-ROM

Die Zwitscherlinge behalten manche Geheimnisse für sich …

1. Die Schnitte von der CD-ROM ausdrucken, ausschneiden, mit Stecknadeln auf Filzplatten feststecken, die Konturen ausschneiden und die Löcher einstanzen.
2. Die gerade Seite des Täschchen-Zuschnitts 8 cm breit (= quadratisch) zusammenlegen, den Schnabel und den Schwanz dazwischenlegen und mit Stecknadeln fixieren.
3. Die Seiten zusammennähen, dabei die eingelegten Teile und die Beine festnähen.
4. Kleine Knöpfe als Augen aufnähen.
5. Etwa 1 Meter Fädelschnur oder Kordel abschneiden, durch die eingestanzten Löcher ziehen und verknoten.

ZWITSCHERLINGE

MATERIAL
bunte Filzreste
kleine Knöpfe
Stickgarn und Nadel
Fädelschnur oder Kordel

WERKZEUG
Stecknadeln
Schere
Lochzange

Neue Züchtung: *Schichtblumen* fürs Fenster

Mehrere Blütenscheiben aus Seidenpapier werden auf einen Karton-Ring geklebt.
Die erste Schicht ist weißes Seidenpapier. Darüber klebt man mehrere farbige Blütenscheiben und sortiert sie von hell nach dunkel. Wenn die weiße Seite an der Fensterscheibe klebt, leuchten die Farben in den Raum hinein und die bunten Blütenschichten sind vor dem Ausbleichen geschützt.

MATERIAL
Seidenpapier (weiß und bunt)
Fotokarton oder Plakatkarton (weiß)
Fotokleber
Klebegummi
Tonpapier (bunt)
WERKZEUG
Bleistift
Schere
Scherenschnittschere
zum Aufhängen:
Klebegummi

1. Die Schnitte ausdrucken, auf weißen Foto- oder Plakatkarton übertragen und ausschneiden.
2. Weißes Seidenpapier auf einen **Blumenring** kleben, glatt streichen und am Rand entlang abschneiden.
3. Buntes Seidenpapier quadratisch in der Größe des Rings zuschneiden.
4. Einen Zuschnitt 3 x zu einer Tüte falten (siehe Abb.) und ein Muster in die Spitze schneiden.

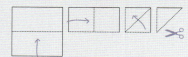

5. Die nächsten Seidenpapier-Zuschnitte genauso falten und die Spitzen jedes Mal etwas größer abschneiden. In jede Spitze ein anderes Muster schneiden.
6. Alle Tüten öffnen, vorsichtig glatt streichen und übereinanderlegen. Jetzt müssen alle Spitzenmuster nacheinander zu sehen sein. Falls nicht, kann man noch einmal falten und nachschneiden.

Kleben: Fotokleber dünn auf die Klebespur des weißen Papiers über dem Ring auftragen. Alle Quadrate passend übereinanderkleben (den Kleber immer auf die durchscheinende Klebespur auftragen) und darauf achten, dass die Falze übereinanderliegen. Bis der Fotokleber trocken ist, kann das Papier vorsichtig an die richtige Stelle gezogen werden.
Wenn alle Schichten aufgeklebt sind, werden die überstehenden Ecken der Quadrate am Ring entlang abgeschnitten.

Einen **Blütenring** aus Tonpapier ausschneiden und auf den Blumenring kleben.
Aufhängen: Mit kleinen Stückchen Klebegummi an die Fensterscheibe drücken.

SCHNITTE FÜR SCHICHTBLUMEN UND EIERRAHMEN AUF DER CD-ROM

DEKORATION

Gestaltungstipps:
Baumelblumen:
Als Blumenstiel grünes Garn am Blütenrand befestigen und als Blätter grüne Papierreste daran festknoten.

Resteverwertung:
Einen Ring oder einen Eier-Rahmen mit weißem Seidenpapier bekleben. In die Ränder der abgeschnittenen Tütenspitzen Muster schneiden, die Tüten öffnen, glatt streichen und in beliebiger Anordnung mit ein paar Tropfen Fotokleber auf einen Kreis oder einen Eierrahmen kleben. Überstehendes Papier abschneiden.

IM ZIMMER BLÜHT ES SCHON!

Ab Februar kann man Forsythien- und andere Blütenzweige, die mit vielen Knospen besetzt sind, zum Vortreiben schneiden. Die Zweige schräg anschneiden und in lauwarmes Wasser stellen. Das Wasser erneuern, wenn es trüb wird und die Zweige noch einmal anschneiden.

Bauernregeln Aprilwetter
Gibt's im April mehr Regen als Sonnenschein, dann wird's im Juni trocken sein.

Aprilschnee bringt Gras und Klee.

Guck mal, da kriecht ein großer Regenwurm über die Buchseite!

April

Wo, wo – ich seh nix! Ach soooo – April, April!

Süße Nasch-Blumen

ZUTATEN

Je Eiweiß braucht man 100 g Zucker.

ZUBEREITUNG

Eiweiß und Zucker steif schlagen und in einen Spritzbeutel füllen.
Ein Backblech mit Backpapier auslegen und mit dem Spritzbeutel Blumen darauf „malen". 30 Min. bei 100 °C backen. Die Blumen aus dem Ofen nehmen, bevor sie braun werden.

APRILSCHERZ

In vielen Ländern auf der ganzen Welt darf man am 1. April in den April geschickt werden und seinen Mitmenschen dumme Streiche spielen. Warum das so ist, weiß niemand so ganz genau.
Es wird vermutet, dass das Aprilwetter daran schuld ist, denn das „tut ja auch, was es will!"

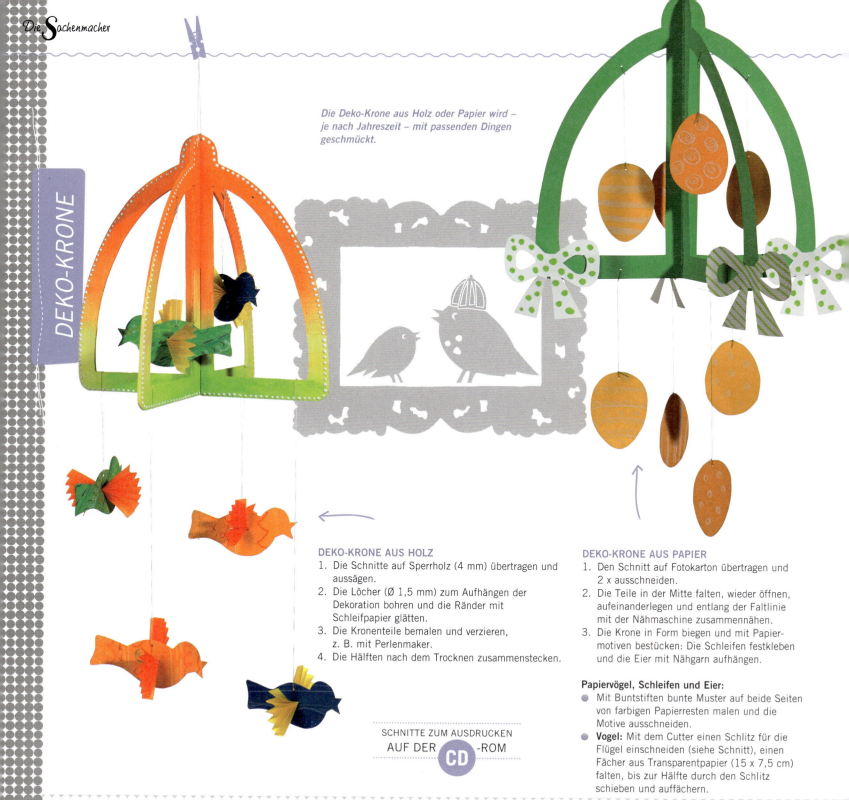

Die Deko-Krone aus Holz oder Papier wird – je nach Jahreszeit – mit passenden Dingen geschmückt.

DEKO-KRONE

DEKO-KRONE AUS HOLZ
1. Die Schnitte auf Sperrholz (4 mm) übertragen und aussägen.
2. Die Löcher (Ø 1,5 mm) zum Aufhängen der Dekoration bohren und die Ränder mit Schleifpapier glätten.
3. Die Kronenteile bemalen und verzieren, z. B. mit Perlenmaker.
4. Die Hälften nach dem Trocknen zusammenstecken.

DEKO-KRONE AUS PAPIER
1. Den Schnitt auf Fotokarton übertragen und 2 x ausschneiden.
2. Die Teile in der Mitte falten, wieder öffnen, aufeinanderlegen und entlang der Faltlinie mit der Nähmaschine zusammennähen.
3. Die Krone in Form biegen und mit Papiermotiven bestücken: Die Schleifen festkleben und die Eier mit Nähgarn aufhängen.

Papiervögel, Schleifen und Eier:
- Mit Buntstiften bunte Muster auf beide Seiten von farbigen Papierresten malen und die Motive ausschneiden.
- **Vogel:** Mit dem Cutter einen Schlitz für die Flügel einschneiden (siehe Schnitt), einen Fächer aus Transparentpapier (15 x 7,5 cm) falten, bis zur Hälfte durch den Schlitz schieben und auffächern.

SCHNITTE ZUM AUSDRUCKEN AUF DER CD-ROM

DEKORATION

RIESEN-FLATTERLINGE

… schweben am liebsten dort, wo auch mal ein Lüftchen weht: im Hauseingang, unter einer Treppe oder auch regengeschützt auf Balkon und Terrasse.

- Quadrate in beliebiger Größe aus Tonpapier oder Tonkarton ausschneiden und mit Bastelfarbe und einem dicken Borstenpinsel kreuz und quer mit Linien, Kringeln, Kreisen und Tupfen bemalen.
- Nach dem Trocknen kann das Papier auf einer Unterlage glatt gebügelt werden.

Falten (bei stärkerem Papier ein Falzbein verwenden):
1. Die **unbemalte** Seite ist oben: diagonal von Ecke zu Ecke falten und öffnen.
2. Die **unbemalte** Seite ist oben: Die andere Ecke entgegengesetzt falten, öffnen und das Papier wenden.
3. Die **bemalte** Seite ist oben: Rand auf Rand falten und öffnen.
4. Die **bemalte** Seite ist oben: Den anderen Rand entgegengesetzt falten.
5. Die seitlichen Dreiecke nach innen klappen.
6. Die oberen Dreiecke bis zur Mittellinie nach innen knicken und bis zur Hälfte (7) wieder zurückfalten.

- Die Flügelränder schön beschneiden.
- Fühler aus abgeschnittenen Resten ausschneiden oder Papierstreifen mit dem Scherenrücken ringeln und mit Uhu extra festkleben.
- **Aufhängen:** Schnur längs durch die Körpermitte ziehen und das Gewicht auspendeln.

FALTANLEITUNG ZUM AUSDRUCKEN
AUF DER **CD**-ROM

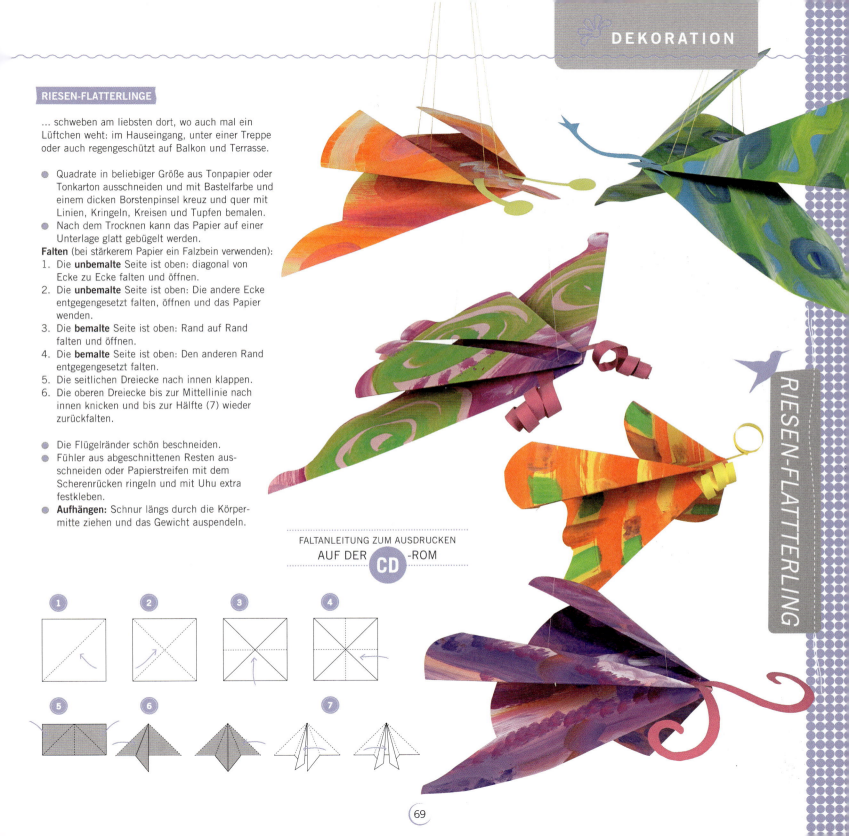

RIESEN-FLATTERLING

Die Sachenmacher

Floristik

Ob als Tür-, Tisch- oder Wandkranz, die selbst gebundenen oder gesteckten Kränze sind immer ein Hingucker.

Material findet man im Garten oder bei einem Spaziergang in Wald und Flur: braune Birkenzweige, rote, gelbe und orange Weidenruten, Buchsbaumzweige, Moospolster, Rinde, Aststücke, leere Schneckenhäuser und andere brauchbare Dinge. Heu kann man überall dort kaufen, wo es Kleintier-Zubehör gibt.
Zum Dekorieren braucht man ein paar frühlingsfrische Motive und Schleifenbänder. Die Tischkränze kann man mit blühenden Pflänzchen in Blumentöpfen oder kleinen Gläsern bestücken.

Die Anleitung für Mooskranz und Mooskugeln gibt es auf S. 51, für Eierkränze auf S. 90 und für Blauholz-Eier auf S. 104.

SUPER Idee!

Schmuckbänder: Aussortierte Seidentücher zerschneiden und zu Schleifen binden (siehe auch: „Färben mit Pflanzen" auf der CD-ROM).

Zum Binden von Kränzen nehmt ihr am besten frisch geschnittene Weidenruten oder Birkenzweige: in Form biegen und mit Blumendraht umwickeln. Wenn ihr mehr Weidenzweige abgeschnitten habt, als ihr verarbeiten könnt, stellt sie doch in ein Gefäß mit Wasser. Bald schlagen sie Wurzeln und ihr könnt sie in einen großen Blumentopf oder in den Garten pflanzen.

Ast-Kranz
Korkenzieher-Zweige zu einem Kreis formen und die Enden ineinanderstecken.

DEKORATION

Vogelnest-Kranz:
Birkenzweige zum Kreis formen und mit Blumendraht zusammenbinden.
Vogeleier:
Styroporeier mit Gips oder Dekoupaste bestreichen und auf einem Spieß trocknen lassen.
Mit der Zahnbürste wässrige blaue, grüne oder braune Deckfarbe über die Eier sprenkeln.
Nest: Langes Heu oder dünne Zweige bündeln und die Bündel spiralförmig aneinanderbinden (Blumendraht) oder -nähen (Schnur) und die Nestwände formen.
Filzschnüre zu Zöpfen flechten.

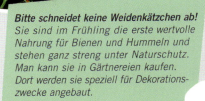

Bitte schneidet keine Weidenkätzchen ab!
Sie sind im Frühling die erste wertvolle Nahrung für Bienen und Hummeln und stehen ganz streng unter Naturschutz. Man kann sie in Gärtnereien kaufen. Dort werden sie speziell für Dekorationszwecke angebaut.

Die Sachenmacher

... NOCH MEHR *Kränze*

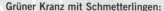

Anleitung und Schnitte für **Stoffvögel** gibt es auf S. 48: „Stoffgeflatter".

Kranzbinderei:
- Lange Zweige, Stängel oder Gräser mit Schnur oder Blumendraht umwickeln, zum Kreis formen und zusammenbinden. Das Drahtende verdrehen und mit einem Seitenschneider abschneiden.
- Kurze Stängel mit Blumendraht bündeln und die kleinen Bündel reihum und überlappend auf eine Kranzunterlage (Wellendrahtform, Strohkranz, Weidenring) binden.

Kranzsteckerei:
- Moos, Fruchtstände, Blätter, Zweige, Gräser, Heubüschel und andere Dinge mit Patenthaften reihum auf eine Kranzunterlage aus Stroh, Styropor oder Steckschaum stecken.
- Kleine Dekorationen (Schleifen, Federn, Eier, Schmetterlinge ...) dazwischen verteilen und mit Heißkleber befestigen.

Statt Schleifen:
- Filzstreifen
- geflochtene oder gehäkelte Zöpfe aus Märchenwolle oder Stoff
- ausgediente Seidentücher
- Graszöpfe

Grüner Kranz mit Schmetterlingen:
Einen Styroporkranz mit Filz- oder Stoffstreifen und Zöpfen aus Märchenwolle umwickeln.
Den Schnitt für den Holzschmetterling von S. 16 beliebig verkleinern, aussägen und bemalen.

Sprüht eure fertigen Kunstwerke dick mit stark festigendem Haarspray ein! So halten sie länger!

DEKORATION

MATERIAL
für die Blumenbinderei:
dünner Blumenbindedraht und Blumensteckdraht
Römerhaften und Patenthaften
Strohblumenklammern und Strohblumennadeln
Stecknadeln
Seitenschneider und Schere
Nass- und Trockensteckschaumziegel
Kranzunterlagen aus Stroh, Styropor, Steckschaum, Draht oder Zweigen
Märchenwolle, Schleifenbänder, Schnur, Filzstreifen
Heißklebepistole
Haarspray

Das Wort Kranz kommt von dem althochdeutschen Wort „krenzen" – das heißt: UMWINDEN.

Blumentöpfe oder Gläser mit Jutegewebe und Filzstreifen umwickeln und festkleben.
Fülleier aus Kunststoff: Die Innenseiten mit Acrylfarbe bemalen und nach dem Trocknen zusammensetzen.
Braune Hühnereier ausblasen und marmorieren (siehe Seite 80/81: „Eier marmorieren").

Ein Kranz hat weder Anfang noch Ende. Deshalb gilt er als Symbol für das Unendliche: Alles ist in Bewegung und trotzdem fest verbunden, alles vergeht und kehrt trotzdem immer wieder zurück – wie der Frühling in jedem Jahr.

PULLOVER-Tiere
AUS DEM KLEIDERSACK

So werden aus abgelegten Pullovern lustige Figuren:

Hase
1. Den unteren Rand zunähen und den ganzen Pulli durch den Halsausschnitt ausstopfen (Heu, Watte, Textilien, Schaumgummi …).
2. Den Halsausschnitt zunähen.
3. Den Körper unterhalb der Ärmel abbinden.
4. Die Ärmel nach hinten biegen und am Hinterkopf festnähen.
5. Ein Gesicht aufkleben (Knöpfe, Tieraugen, Holzscheiben, Filzreste …).

Huhn
1. Die Ärmel abschneiden, den Pulli wenden, eine Körperform aufzeichnen (Seitennaht = Rücken) und abnähen, wenden, ausstopfen und die Öffnung zubinden (= Schwänzchen).
2. Die Ärmel in Flügelform abnähen und vor dem Verschließen der Naht mit Füllwatte ausstopfen.
3. Die Flügel festnähen.
4. Kamm und Schnabel (Schnitte auf der CD-ROM) aus Filz schneiden und annähen.
5. Knöpfe als Augen aufnähen.

OSTERN

Grüne Soße
für 4 Personen

ZUTATEN

etwa 300 g Kräuter, z. B. Petersilie, Schnittlauch, Kresse, Dill, Sauerampfer, Estragon, Kerbel, Liebstöckel, Zitronenmelisse, Borretsch oder andere
2 Zwiebeln
1 Esslöffel Essig
2 Esslöffel Öl
1/4 Liter saure Sahne
150 Gramm Joghurt
4 hart gekochte Eier
1 Prise Zucker
Salz
Pfeffer

ZUBEREITUNG

1. Die Kräuter gründlich waschen, abtropfen lassen und zusammen mit den Zwiebeln fein hacken.
2. Mit Essig und Öl, Sahne und Joghurt verrühren, mit Salz und Pfeffer würzen und zugedeckt etwa 1 Stunde kühl stellen.
3. Die hart gekochten Eier grob hacken und unterrühren.
4. Mit Salz, Pfeffer und etwas Zucker abschmecken und noch einmal 15 Minuten durchziehen lassen.

Dazu schmecken Pellkartoffeln!

Für die Eier braucht man bunte Strumpfhosen-Beine und große Kunststoff-Eier.
- Ein Bein in passende Stücke schneiden,
- wenden,
- eine Öffnung abbinden,
- wieder wenden,
- ein Ei hineinschieben,
- die Öffnung mit Nähgarn zunähen.

„Ich wollt', ich wär ein Huhn!
Ich hätt' nicht viel zu tun!
Ich legte jeden Tag ein Ei –
und sonntags auch mal zwei!"

„Mancher gibt sich viele Müh'
mit dem lieben Federvieh;
einesteils der Eier wegen,
welche diese Vögel legen.
Zweitens: Weil man dann und wann
einen Braten essen kann.
Drittens aber nimmt man auch
ihre Federn zum Gebrauch
in die Kissen und die Pfühle,
denn man liegt nicht gerne kühle …"

(aus „Max und Moritz"
von Wilhelm Busch)

GRÜNDONNERSTAG

Alles, was man an diesem Tag in Feld und Garten tut, wie das Säen und Pflanzen von Blumen, Leinsamen, Kräutern und Kohl, steht unter einem besonderen Segen. Mittags wird eine Gründonnerstags-Suppe aus 9 verschiedenen Kräutern gekocht, z. B. Brunnen- und Gartenkresse, Gänseblümchen, Gundermann, Kerbel, Pimpernell, Sauerampfer, Schafgarbe und Tripmadam. Auf jeden Fall sollte man an diesem Tag etwas Grünes essen, z. B. Spinat mit Spiegelei oder Pellkartoffeln mit Grüner Soße.

Das Rezept für eine leckere „Wiesensuppe" steht auf S. 126

Die Sachenmacher

LESETIPP:

Schon im Jahr 1924 ist „Die Häschenschule" von Albert Sixtus mit Bildern von Fritz Koch-Gotha erschienen und ist bis heute das beliebteste Oster-Bilderbuch geblieben.

DIE HÄSCHEN-Schule

OSTERN

Alle Schnitte zum Ausdrucken gibt es auf der CD-ROM!

Häschen:
1. Den Schnitt für den Körper (20 mm) und für die Füße (10 mm) auf Sperrholz übertragen, aussägen und die angezeichneten Löcher bohren.
2. Hals: Einen Rundstab 2 cm lang absägen.
3. Kopf: Eine Holzkugel für den Hals (Ø 6 mm, 1 cm tief) und für die Ohren (Ø 5 mm) bohren.
4. Kopf, Hals und Körper zusammenstecken und alle Teile bemalen.
5. Für Arme und Beine Schnüre mit der Strickliesel stricken.
   - Die Arme (10 cm lang) durch den Körper ziehen und die Enden in 2 gebohrte (Ø 5 mm) Holzkugeln (Ø 15 mm) kleben.
   - Die Beine in Körper und Füße kleben: Lehrerhase – Rundhölzer (6 cm lang), Hasenkinder – Strickschnüre (7 cm lang). Tipp: Vor dem Festkleben Aludraht (2 mm) in die Strickliesselschnur schieben.
6. Zwei Filzohren und Wackelaugen festkleben und ein Schnäuzchen mit Buntstift aufmalen.

Kleidung: Die Schnitte mit Stecknadeln auf Stoffresten feststecken, ausschneiden und wie auf der Schnittzeichnung zusammennähen.

Schüler-Pulte und ein Stehpult für den Herrn Lehrer
1. Die Schnitte auf Sperrholz-Platten (8 mm) übertragen und aussägen.
2. Die Ränder mit Schleifpapier glätten, alle Seiten bemalen oder verdünnte Farbe mit dem Schwamm auftragen.
3. Nach dem Trocknen werden die Seitenteile mit den Tischplatten, Sitzflächen und Rundstäben zusammengesteckt.

Moderne Häschen-Schüler fahren natürlich mit dem Eier-Trolley zur Schule:

Mit einem Handbohrer Löcher für Radgestänge und Griff quer durch ein Kunststoff-Ei bohren.
Räder: Ein Holzstäbchen durch die unteren Löcher schieben und 2 Holzscheiben oder -kugeln auf die Enden kleben. Die Stäbchen passend abzwicken.
Griff: 12 cm Aludraht abschneiden, eine Holzperle als Griff auffädeln, in Form biegen und die Enden in die Löcher stecken.
Nähte und Schnallen mit Permanent-Marker aufmalen.

MATERIAL
für die Pulte
Sperrholz (8 mm)
Rundstäbe (6 mm)
für die Häschen:
Körper: Sperrholz (20 mm)
Füße: Sperrholz (10 mm)
Holzkugeln (Ø 30 mm + 15 mm)
Rundstäbe (Ø 6 mm)
Filz- und Stoffreste
Garn- und Schleifenreste
Nähgarn
Wackelaugen
Buntstifte
Bastelkleber oder Heißkleber
Bastelfarben und Pinsel oder Schwamm
WERKZEUG
Bleistift
Säge
Schleifpapier
Bohrer
Strickliesel
Nähmaschine
Stecknadeln
Nähnadel

Tipp: Für die kleine Holztafel kann man eine Staffelei aus Vierkanthölzern (10 x 10 mm) bauen:
- 3 Leisten 24 cm lang absägen.
- 1 cm vom oberen Rand Löcher (Ø 2 mm) quer durch alle drei Leisten bohren. Ein Holzstäbchen durch die Löcher schieben und Holzperlen auf die Enden kleben.
- Für die Ablage 1 Leiste 16 cm lang absägen und auf den beiden Außenleisten festnageln.
- Die Mitte der Ablageleiste und die mittlere Aufstell-Leiste mit einer Schnur verbinden.

SCHNITTE ZUM AUSDRUCKEN AUF DER CD-ROM

Mehr zum Thema „Holzbearbeitung" auf S. 6.

Die Sachenmacher

EIERVERZIER-TECHNIKEN

Besondere Eierverzier-Techniken sind typisch für verschiedene Länder Europas und der ganzen Welt. So werden die Eier in Japan mit Tuschmalerei verziert und in China so fein wie das chinesische Porzellan bemalt. Aus Osteuropa kommt die Wachstechnik: Die zartesten Muster werden mit einer feinen Nadel in mehrere bunte Wachsschichten geritzt.
In Nordamerika bezieht man die Eier mit bunten Stoffstückchen und in Frankreich wird die Eierschale mit einer feinen Nadel so fein ausgebrochen, dass das Ei wie Spitze aussieht. Nicht nur Hühnereier, auch Wachteleier, Enten- und Gänseeier und sogar Straußeneier werden kunstvoll gestaltet.

FLACHE MOSAIK-EIER

1. Holz-Eier aus Sperrholz oder MDF-Platte aussägen (Eierschablonen siehe: „Vorlagen: Frühling/Ostern" der CD-ROM) und Löcher zum Aufhängen bohren.
2. Mosaik-Steine mit Weißleim oder Schmucksteinkleber auf eine Seite der Eier kleben (siehe auch S. 26: „Mosaik")
3. Fugenmasse auf dem Ei verteilen, mit einem Holzspatel oder Plastikmesser glätten und die überschüssige Masse mit einem Küchenschwamm abwischen.
4. Nach dem Trocknen werden die Eier mit Schwamm und Wasser sauber geputzt. Dann kommt die andere Eier-Seite dran!

Eierei

KNOPF-EIER

Viele bunte Knöpfe mit Schmucksteinkleber auf bunte Eier kleben.
Ständer: Eine Papprolle in Stücke schneiden und mit Bast umwickeln. Bast-Anfang und -Ende festkleben.

*Hmmm, lecker ...
Jede Gegend kennt zu Ostern ihr besonderes Festgebäck: Da gibt es z. B. Osterbrezeln, Osterfladen, Osterbrot, Ostersemmeln, bunte Kringel, süße Ostermännchen und Osterlämmer aus Zuckermasse.*

OSTERN

Eier-Brotaufstrich
für 4 Personen

100 g Butter sahnig rühren, 2 hart gekochte Eier zerkleinern und zusammen mit Schnittlauch, Paprika und Salz unter die Butter rühren. Kalt stellen.

Rutenschlagen

Mit einem grünen Zweig werden am Ostersonntag die schlafenden Hausbewohner aus dem Bett „gehauen". Kinder dürfen die Erwachsenen mit Birken- oder Weidenzweigen so lange „schlagen", bis diese sich durch ein geschenktes Ei befreien. Natürlich machen die Kinder das sehr liebevoll!

EIERSCHALEN-MOSAIK
Die Schalen von gefärbten Eiern in kleine Stückchen brechen und mit Schmuckstein-Kleber auf ausgeblasene Eier kleben.

EIER DER WELT
Eier als Gesichter in verschiedenen Hautfarben bemalen.
Für die **Kleider**, Frisuren und Hüte Tonpapier-Reste rund (Bierdeckel auflegen) ausschneiden. Die Mitte wie auf der Abbildung sternförmig schlitzen.
Die **Kleider**-Zuschnitte in der Mitte falten und gestalten: z. B. Schlitze für die Arme oder Fransen einschneiden, mit einem Perlenmaker verzieren, Papierschnipsel aufkleben …
Frisuren: Den Rand in Fransen schneiden.

Eskimo-Fell: Wie die Frisur in Fransen schneiden, aber die mittleren Stern-Zacken nach hinten umknicken.
Chinesen-Hut: Eine Scheibe ohne Sternschlitze bis zur Mitte einschneiden, übereinanderschieben und festkleben. Überstehendes Papier rund abschneiden.
Mütze für den Mexikaner: Mit bunten Garnresten ein halbes Ei häkeln (siehe S. 112: „Häkeleier"), eine Luftmaschenschnur mit einer Quaste in der Mitte festnähen und zwei Ohrenklappen an die Seiten häkeln.
Beine: Hexentreppen aus 1 cm breiten Streifen falten. Füße oder Schuhe ausschneiden und an die Beine kleben.
Die Beine unter dem Kleid am Ei oder an der Kleidung festkleben.
Typische Gegenstände basteln, z. B. eine Angel mit einem Fisch für den Eskimo oder eine Panflöte für den Mexikaner.

SCHNITT ZUM AUSDRUCKEN
AUF DER **CD**-ROM

Daran erkennt ihr, ob ein Ei frisch ist: Legt es in ein Glas mit kaltem Wasser. Bleibt es am Boden liegen, ist es frisch!

... NOCH MEHR Eierei

Kinder-Eierpunsch

ZUTATEN für 1 Portion

1 Eigelb
1 EL Zucker
200 ml Milch
etwas Wasser
1 Spritzer Zitronensaft
etwas Orangenschale, -aroma oder -saft

ZUBEREITUNG

- Eigelb mit Zucker cremig rühren.
- Die Milch mit etwas Orangenschale oder -aroma, Zitronen- und evtl. Orangensaft aufkochen, über das Eigelb gießen, mit dem Schneebesen oder einer Gabel aufschlagen und mit Sahne verfeinern.

EIER MARMORIEREN

1. Kunststoff-Eier reinigen und Holzstäbchen in die Öffnung stecken. Ein Gefäß mit Wasser füllen. Die Fläche soll etwas größer sein, als die Oberfläche des Eis.
2. Zwei bis drei verschiedene Marmorier-Farben in das Wasser tropfen und die Farben mit einem Zahnstocher ineinanderziehen.
3. Das Ei langsam eintauchen oder seitlich rollen, bis die ganze Fläche mit Farbe überzogen ist und trocknen lassen (siehe Eier-Mal-Tipps).
4. Bevor das nächste Ei marmoriert wird, müssen die Farbreste im Wassergefäß mit Küchenpapier entfernt werden.

Tipp: Für feine Marmorier-Muster tropft man die Farbe in dickflüssigen Kleister und zieht mit Gabeln oder Stäbchen Muster durch den Kleistergrund.

Geschenk-Idee für Strick- und Häkelfans! Verschenkt doch mal ein Wunderknäuel: Verpackt ein ganz kleines Geschenk in einem Stoffrest und wickelt viele zusammengeknotete Wollreste drum herum, bis ein großes eiförmiges Knäuel entstanden ist. Ab und zu könnt ihr kleine Gruß-Zettel, Sprüche oder Gutscheine mit einwickeln, die beim Abarbeiten des Knäuels nach und nach zum Vorschein kommen.

LILI'S GÄRTCHEN

Ins Eier-Anzuchtbeet kann man ab Mitte März alles säen, was ab Mitte Mai in den Garten gepflanzt werden soll, siehe auch „Tipps für kleine Gärtner" auf der CD-ROM. Nicht zu viel gießen! Die Erde in den Eiern wird sonst sauer! Wenn die Pflänzchen groß genug sind, werden sie vorsichtig in kleine Blumentöpfe verpflanzt.

Die **EIER-MÜTZEN** werden aus dickerem Garn (Lauflänge ca. 100 m) in Runden mit Nadel Nr. 4,5 gehäkelt.
Anschlag: 10 Maschen
1. Runde: jede Masche verdoppeln = 20 Maschen
2. bis 8. Runde: feste Maschen
9. Runde: feste Maschen oder Krebsmaschen
Den Faden vernähen. Den Mützenrand umschlagen und mit einem Knopf verzieren.

OSTERN

Sonnensprünge

Früher kletterten die Leute am Ostersonntag vor Sonnenaufgang auf einen Berg, weil sie glaubten, dass die Sonne an diesem Tag beim Aufgehen drei Freudensprünge macht. Das Schauspiel wollten sie auf keinen Fall verpassen!

EIERGIRLANDE: Viele marmorierte Eier beidseitig bohren und zusammen mit bunten Holzperlen auf Schnur oder Draht fädeln. Die Enden zu Schlaufen verknoten oder verdrehen.

EIER-MAL-TIPPS:

Eier auspusten: Beide Eierseiten mit einem Eierlocher anpieksen. Die Löcher vorsichtig mit einer Stopfnadel vergrößern. In das kleinere Loch pusten, damit das rohe Ei durch das größere Loch in eine Schüssel laufen kann. Das Ei beim Pusten nicht drücken!

Vor dem Bemalen: Die Eier in warmem Wasser mit Spülmittel reinigen und trocknen lassen. Aus echten Eiern Wasserreste herauspusten. Eier trocknen lassen.

Eiermalmaschine: Das Ei zwischen die Gummipuffer spannen und das Rädchen beim Bemalen langsam drehen.

Ein **Holzstäbchen** in die Öffnung stecken, das Stäbchen beim Bemalen drehen und bis zum **Trocknen** in einen mit Sand oder Steckschaum gefüllten Blumentopf stecken.

Eier-Ösen einstecken, Blumendraht durch die Öse schieben und verdrehen. Die Eier zum Trocknen aufhängen.

Mit abgebrochenen **Streichholz-Stückchen** aufhängen: Garn in der Mitte festknoten, das Hölzchen in das Ei schieben und am Garn ziehen, bis das Hölzchen festklemmt.

KRESSE

... wächst sehr schnell. Ein paar Lagen Küchenpapier in ein flaches Gefäß legen, gießen und Kressesamen darauf verteilen. Schon nach ein paar Tagen kann man mit der Schere die ersten Stiele abschneiden. Schmeckt toll auf Butterbrot mit Kräutersalz!

SCHNITT ZUM AUSDRUCKEN AUF DER CD-ROM

EIERBRUMMER

1. Den Schnitt für die Eier-Bauchbinde von der CD-ROM ausdrucken, auf buntes Tonpapier übertragen und ausschneiden.
2. Mit Buntstiften oder Fasermalern Muster aufmalen und mit Perlenmakern, Glitterfarbe oder Mosaikstickern verzieren.
3. Die Bauchbinden um bunte Kunststoff-Eier legen und die Schlitze ineinanderschieben.
4. Fühler und Rüssel aus Papierresten zuschneiden, mit Stift oder Schere ringeln und festkleben.
5. Augen aufmalen oder Wackelaugen aufkleben.
6. Garn zum Aufhängen durch die Flügel ziehen und verknoten oder die Eierbrummer mit Drahtstecksösen aufhängen.

ZIMMER-GÄRTCHEN

- Ein paar Felder quadratisch oder rechteckig aus einer Eierpalette herausschneiden und mit Bastelfarbe bemalen.
- Rohe Eier vorsichtig mit Eierstecher und Stopfnadel öffnen und das obere Drittel der Schale entfernen.
- Die Eier sauber ausspülen, mit Erde füllen und Kresse hineinsäen oder Wasser für Blümchen einfüllen. Die Kresse vorsichtig mit einem Liner-Fläschchen oder Blumensprüher gießen.

TÜPFEL-EIER

HÄKEL-EIER

TÜPFEL-EIER
Kunststoff-Eier in verschiedenen Größen mit Plakatfarben grundieren und bis zum Trocknen auf Holzspieße stecken.
- Figuren und Muster mit dem Finger auftupfen.
- Beine, Fühler oder Augen nach dem Trocknen mit einem feinen Pinsel oder mit Filzschreibern aufmalen.

Aufhängen: Ösen-Aufhänger einstecken und Schnur festknoten.

Für die Häkeleier
braucht man Baumwollgarn, eine passende Häkelnadel und Füllwatte. Die Anleitung steht auf S. 112.
Die fertigen Eier mit Garnresten besticken, Knöpfe aufnähen oder mit bunten Holzperlen verzieren.

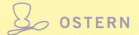

OSTERN

KNET- UND DRÜCK-EIER

Dafür braucht man Softknete, eine Nudelrolle, Osterausstecher, ein Plastikmesser, ein Schale mit Wasser, ein Holzstäbchen, eine Knet-Unterlage und zum Bemalen Deckfarben und Pinsel.

1. Die Modelliermasse gut durchkneten und etwa 1 cm dick ausrollen.
2. Mit dem Plastikmesser Eiformen ausschneiden (siehe „Vorlagen: Frühling/Ostern" auf der CD-ROM) und viele kleine Figuren ausstechen.
3. Die Figuren auf die Eier setzen: Das Ei mit dem Holzstäbchen leicht anritzen, etwas Wasser mit dem Finger auf der Stelle verteilen und die Figur aufdrücken.
4. Die Ränder mit dünnen Knetewürsten und Kugeln verzieren.
5. Alles mit feuchten Fingern schön glatt streichen und mit dem Holzstäbchen ein Loch für den Aufhänger einstechen. Flach liegend trocknen lassen.
6. Die Oberflächen der Figuren und Verzierungen mit Deckfarben bemalen.
7. Schmuckbändchen oder Bast durch die Löcher fädeln und verknoten.

Enpolvados
für 4 Personen

ZUTATEN

den Inhalt von 6 ausgeblasenen Eiern
6 EL Puderzucker
6 EL Mehl
steif geschlagene Sahne

ZUBEREITUNG

1. Das Eiweiß vom Eigelb trennen (vorsichtig mit einem Suppenlöffel alles, was gelb ist, aus dem Eiweiß herausholen) und das Eiweiß sehr steif schlagen.
2. Puderzucker dazugeben und immer weiterschlagen.
3. Löffelweise abwechselnd Eigelb und Mehl dazugeben und vorsichtig weiterrühren.
4. Ein Backblech mit Backpapier auslegen und mit einem Löffel kleine Teighäufchen daraufsetzen.
5. Kurz – nur ein paar Minuten, damit sie nicht hart werden – bei 150 °C backen.
6. Nach dem Abkühlen jeweils 2 Häufchen mit einem Klecks Schlagsahne zusammenkleben.

So klappt das Eier-Ausblasen:

- Mit mit einer spitzen Stopfnadel vorsichtig ein kleines Loch in den Eierkopf und ein etwas größeres in den Eierpopo stechen.
- Das Ei über eine Schüssel halten und den Inhalt mit Gefühl und Kraft zum großen Loch hinauspusten.

In Chile macht man mit dem Inhalt der vielen ausgeblasenen Eier „Enpolvados". Das heißt auf Deutsch „Bepuderte" und ist ein ganz besonderer Nachtisch.

KNET- UND DRÜCK-EIER

Mehr zum Thema „Modellieren" auf S. 11.

KINDER-EI …

PATSCH- UND KLATSCH-EIER
Styropor-Eier mit Seidenpapier und Kleister oder verdünntem Weißleim verkleiden und mit bunten Seidenpapier-Schnipseln verzieren. Alle Papierschichten gut festdrücken oder mit einem Borstenpinsel feststreichen.

„Hasch mich, ich bin der Frühling!"

go, go, go … Möhre flitz!

Ganz gesunde Ostereierpralinen
für ca. 40 Stück

ZUTATEN

100 g Haferflocken
50 g fein gemahlene Mandeln
50 g fein gemahlene Haselnüsse
50 g Kokosflocken
50 g Sesamkörner
2 EL Honig
2 EL Kakaopulver
4 EL Hagebuttenmarmelade
Saft einer Orange
abgeriebene Schale einer halben ungespritzten Zitrone
abgeriebene Schale einer halben ungespritzten Orange

ZUBEREITUNG

1. Alle Zutaten miteinander vermischen. Die Masse soll sich gut formen lassen. Falls sie zu trocken ist, etwas Orangensaft dazugeben.
2. Kleine Klümpchen herausnehmen und Eier daraus formen.
3. Die Eier auf einem Tablett 2 - 3 Tage trocknen lassen.
4. Nach dem Trocknen werden die Eier in Alufolie gewickelt und in Seidenpapier verpackt.

MÖHRENFLITZER
Aus Fotokarton-Resten zwei Möhrenhälften mit Grünzeug, 4 Räder und 4 Hasenohren ausschneiden.
Eierhasen: Zwei Styropor-Eier bunt bemalen und trocknen lassen. Die Gesichter mit Filzschreiber aufmalen und die Ohren mit Uhu extra ankleben.
Autositze: Aus einem Eierkarton eine doppelte Eiermulde herausschneiden und die Hasen hineinkleben.
Rennwagen: Auf jede Seite der Autositze eine Möhrenhälfte kleben. Die Möhren-Enden mit dem Grünzeug zusammenkleben. Jetzt noch 4 Räder an die Möhre kleben und …

OSTERN

MATERIAL
Styropor-Eier
Play-Mais
Schwammtuch
Teller
Holzstäbchen
Trinkhalme
wasserfester Filzschreiber

WERKZEUG
Schere
Stecknadeln mit Kopf

TITSCH-UND-DRÜCKER-STECKER

1. Die Play-Mais-Rollen mit der Schere zerschneiden:
   - für die Eier in 2 dicke Scheiben,
   - für die Tiere in 3 dünnere Scheiben,
   - für Ohren, Füße und Flügel die Rollen längs auseinanderschneiden,
2. Die Scheiben um das Ei kleben: Ein Schwammtuch feucht machen und in einen Teller legen. Die Rollen kurz auf das Schwammtuch titschen und gleich auf das Ei drücken.
   - Ohren, Füße, Schnabel, Flügel wie auf der Abbildung festdrücken.
   - Stecknadeln als Augen einstecken. Die Schnauzen mit einem dünnen wasserfesten Filzschreiber aufmalen.
3. Holzstäbchen feststecken.

Blumenstiele: Trinkhalme passend abschneiden und über die Holzstäbchen schieben.

Ich kenn's nicht!

Kennt ihr schon das aufregende Wunder-Eier-Orakel?
Füllt in kleine teilbare Eier etwas Ostergras und Dinge, die ihr nicht mehr braucht: z. B. kleine Spielzeug-Figuren oder Autos, kleine Schreibwaren, Modeschmuck oder zusammengerollte Zettel mit lustigen Wörtern. Legt alle Eier in eine Schale. Jetzt darf sich jeder ein Ei nehmen, öffnen und die Bedeutung des Inhalts erraten oder alle rätseln gemeinsam.
Ein paar Beispiele:
Krokodil: Du bist ganz schön bissig zur Zeit!
Auto: „Achte auf Autos, wenn du unterwegs bist!" oder „Du wirst bald eine Reise machen!"
Kreisel: Du wirst weiterhin herumwirbeln und findest keine Ruhe, bis du umfällst.
Klebebilder: Pass auf, dass du nicht an unwichtigen Sachen festklebst.

Die Sachenmacher

FAMILIE *Kuschel*

Für einen Hasen braucht man ca. 70 g Wolle oder Garn und eine passende Häkelnadel.
Beispiel: Nadelstärke 4, Lauflänge ca. 100 Meter = 32 cm groß (ohne Ohren)
Es wird nur mit festen Maschen gehäkelt.
Die Teile nach und nach vor dem Abnehmen und noch einmal vor dem Verschließen mit Füllwatte ausstopfen.

HÄKELHASE

KÖRPER
Anschlag in Fadenring: 8 FM
1. Runde: jede Masche verdoppeln = 16 M
2. Runde: jede 2. Masche verdoppeln = 24 M
3. Runde: jede 3. Masche verdoppeln = 32 M
4. - 28. Runde: FM = 32 M
29. Runde: jede 3. + 4. Masche zusammenhäkeln = 24 M
30. Runde: jede 2. + 3. Masche zusammenhäkeln = 16 M
31. Runde: jede 1. + 2. Masche zusammenhäkeln = 8 M
32. Runde: jeweils 2 Maschen zusammenhäkeln = 4 M
Den Faden abschneiden und über Kreuz vernähen

OHR
Anschlag: 10 LM
1. - 3. Reihe: 9 FM
Ab 4. Reihe am Reihenanfang jeweils 1 Masche überspringen, bis nur noch 1 Masche übrig ist.
Das Ohr mit FM umhäkeln, den Faden hängen lassen.

ARM
Anschlag in Fadenring: 10 FM
1. - 20. Runde: FM
letzte Runde: je 2 M zusammenhäkeln
Den Faden abschneiden, über Kreuz vernähen und zum Festnähen hängen lassen.

BEIN
Anschlag in Fadenring: 12 FM
1. - 7. Runde: FM
Dann über 9 Maschen 5 Reihen hin- und herhäkeln.
Weiter in Runden häkeln: Jeweils 1 M aus jeder Randmasche aufnehmen, dazwischen die 3 liegengelassenen Maschen abhäkeln = 13 M.
Nach 22 Runden jeweils 2 M zusammenhäkeln.
Den Faden abschneiden, über Kreuz vernähen und zum Festnähen hängenlassen.

MATERIAL
für Häkelhasen:
Wolle oder Baumwollgarn
Füllwatte
Bommeln
Tieraugen oder Knöpfe

WERKZEUG
Häkelnadel
Schere
Stopfnadel
evtl. Nähmaschine

M = Masche	ST = Stäbchen
FM = feste Masche	LM = Luftmasche

OSTERN

MATERIAL
für Hasenklamotten
Stoffreste
Schleifenbänder
Nähgarn und Nadel
Gummiband

WERKZEUG
Nähgarn und Nadel
evtl. Nähmaschine
Stecknadeln
Schere

Fertigstellen

Kopf: Den Kopf abbinden und fest verknoten.
Ohren: Die beiden Ecken nach innen klappen, die Randmaschen mit dem hängen gelassenen Faden verbinden und die Ohren rundherum festnähen.
Gesicht: Die Schnauze häkeln: Den Faden durch eine Masche in der Mitte des Gesichts ziehen, 3 LM häkeln und 7 - 10 (je nach Garnstärke) zusammen abgemaschte Stäbchen häkeln. Den Faden in der Schnauze vernähen und gleich den Mund damit aufsticken.
Augen: Kleine Knöpfe oder Tieraugen festnähen.
Arme und Beine: Die hängen gelassenen Fäden etwa 2 cm durch das Bein nach unten ziehen und mehrmals hin und her durch den Körper und das andere Bein ziehen.
Das Fadenende am Rücken verknoten, ein Stück durch den Körper ziehen und abschneiden.
Schwänzchen: Eine Bommel annähen. Wie man Bommeln selber macht, steht auf Seite 9.

HÄKELKURS, BASTELSPICKER UND SCHNITTE
AUF DER CD-ROM

Kleider aus Stoffresten
Die Schnitte passend vergrößern oder verkleinern und wie auf dem Schnitt beschrieben, zusammennähen. Die Stoffränder säumen oder mit der Zackenschere abschneiden.
Die Kleider mit Knöpfen und Schleifen verzieren.

Mehr zum Thema „Nähen" auf S. 10.

FLECHTEREI

WERKZEUG
Gartenschere
Draht und Seitenschneider
Bastelmesser
Schnur und Schere
Webnadel
Klebepistole

*Zum **Flechten** eignen sich alle biegsamen, frisch geschnittenen Zweige von Weide, Haselnuss, Hartriegel oder Birke. Man kann damit Kränze und Schlaufen binden (Anleitung auf S. 70 - 72: „Floristik und Kränze") oder urige Körbe flechten.*

Flechtboden:
3 oder 4 gerade Zweige (= Staken) übereinanderlegen und mit Schnur und dünnen Zweigen mehrmals umwickeln. Die Schnur kann man später wieder herausschneiden!

Wenn die Mitte stabil ist, eine zusätzliche Stake (halbe Länge) in die Flechtmitte stecken. Die Anzahl der Staken muss immer **ungerade** sein. Wenn die Staken für die Größe des geplanten Flechtwerks nicht ausreichen, steckt man weitere in die bereits geflochtenen Runden.
Bricht eine Stake ab, wird eine neue ein paar Zentimeter tief neben die abgebrochene Stake gesteckt.

Flechten: Man arbeitet gleichzeitig mit 2 Zweigen, steckt sie ein Stückchen versetzt in beide Seiten der Flechtmitte und biegt sie nach jeder Stake abwechselnd nach oben oder unten.
Ansetzen: Das Ende des alten und den Anfang des neuen Zweigs ein Stück zusammen verflechten. Die herausstehenden Enden werden erst zum Schluss sauber abgeschnitten.

Korb: Wenn der Boden groß genug ist, werden die Staken beim Flechten nach oben gebogen.
Abschluss: Die Staken-Enden nach unten biegen und in das Flechtwerk stecken oder alle gleich lang abschneiden und dekorieren, z. B. mit Filzblumen und Blättern (Schnitte auf der CD-ROM), Holzkugeln oder Fundstücken aus der Natur.

Bunten Bast mit einer Webnadel um den Korbrand nähen. Aus den Bastenden Zöpfchen flechten und bunte Holzperlen auffädeln.

OSTERN

Birken
... können bis 30 Meter hoch und 160 Jahre alt werden. Man kann fast alle ihre Teile brauchen: Aus dem Reisig werden Besen gebunden, die essbaren Blätter und Knospen helfen bei Rheuma oder Gicht und Birkensaft hilft gegen Haarausfall. Der Saft, den man auch trinken kann, wird im Frühling nur ein paar Wochen lang durch Anzapfen oder Anschneiden der Äste gewonnen. Mit Birkenpech klebten schon die Neandertaler ihre Steinäxte zusammen und die Rinde wird heute noch als Baumaterial für Kanus, Schuhe, Vorratsbehälter und andere Gebrauchsgegenstände verwendet.

OSTERSONNE:
Einen großen Boden flechten und die Staken rundherum ein paar Zentimeter über dem Flechtrand abschneiden.
Das Ende eines stabilen Astes mit einem Bastelmesser abflachen und anspitzen (Hände mit Gartenhandschuhen schützen!) und in die Rückseite des Flechtbodens stecken oder mit Draht an mehreren Stellen übereinander festbinden.

STECKEN-EI
1. Ein großes Kunststoff-Ei marmorieren. Je größer die Fläche des Eis, desto größer muss das Gefäß sein, in dem marmoriert wird, weil sonst die Farbe nicht ausreicht, um das Ei zu bedecken, siehe auch S. 80: „Marmorieren").
2. Das Ei auf einen Rundstab stecken (Loch mit einem Bohrer oder einer Scherenklinge ausweiten).
3. Buchsbaumbündel und Krepp-Papier mit Draht um den Stab binden.
4. Zum Schluss Schleifenbänder mit Heißkleber befestigen.

Dekorieren: Kunststoff-Eier groß genug aufbohren oder das Loch mit der Scherenklinge ausweiten. Die Eier auf die Staken stecken und mit Heißkleber fixieren. Blätterzweige (Buchsbaum, Blaubeerkraut) in die Flechtmitte stecken oder mit Heißkleber befestigen und mit Schleifen, Eiern, Schmetterlingen oder anderen Dingen dekorieren.

Anleitungen
Stoffblumen und Filzerlinge: S. 48
Eier marmorieren: S. 80
Blauholz-Eier: S. 105

Die Sachenmacher

EIERKRANZ AUS HOLZ ODER PAPIER
Den Schnitt von der CD-ROM ausdrucken und
1 x auf Sperrholz (4 mm) oder 2 x auf bunten
Fotokarton (300 g/m²) übertragen.
Den **Holzkranz aussägen**, die Ränder mit
Schleifpapier glätten, mit Bastelfarbe bemalen
und mit Perlenmaker verzieren.
Die beiden **Papierkränze** in der Längsmitte knicken, wieder öffnen, aufeinanderlegen und am
Knick entlang mit der Nähmaschine zusammennähen. Die Eier mit Buntstift, Perlenmaker oder
Funliner bemalen und trocknen lassen.

EIERKRONE
1. 28 Kunststoffeier beidseitig aufbohren (Handbohrer oder Bohrmaschine).
2. 12 Eier auf einen langen Draht fädeln und die Enden verdrehen.
3. Zwischen jeweils 3 Eiern einen etwa 30 cm langen Draht befestigen.
4. Auf jeden Draht 4 Eier fädeln.
5. Die vier Drahtenden miteinander verdrehen.
6. Die Krone mit Schleifen verzieren.

SCHNITTE ZUM AUSDRUCKEN
AUF DER CD -ROM

 OSTERN

Ei ei ei

EIERKRANZ
Acht Kunststoff-Eier in einen gestrickten Schlauch oder ein Strumpfhosenbein füllen und die Zwischenräume mit Garn abbinden. Jetzt kann man den Kranz mit Baumwollgarn besticken und mit Schleifen verzieren.

Einen **Strickschlauch aus Wollresten** stricken, z. B. mit Nadeln Nr. 4:
- 32 Maschen anschlagen und 1 re/1 li im Wechsel stricken.
- Nach 7 bis 9 cm – je nach Eiergröße – die Farbe wechseln.
- Die Maschen abketten und den Schlauch wie oben beschrieben füllen und abbinden.

Mehr zum Thema „Sticken" auf S. 10 und auf der CD-ROM.

Ein Eiergedicht
von Carosa Romelskin

Ei – Ei – Ei,
aus eins mach zwei –
die Eierei ist bald vorbei.

Frau Hase wäscht den Pinsel aus
und ruht sich endlich einmal aus.

Herr Hase macht die Farben zu –
die Henne Berta geht zur Ruh.

Ei – Ei – Ei,
jetzt ist's vorbei
und Schluss ist mit der Eierei.

Die Sachenmacher

FILZER-Ei

MATERIAL
Stickgarn oder Baumwollgarn
für das Körbchen:
Filzplatten in 2 Farben (3 mm)
für die Biene:
Filzreste (1 mm)
Holzstäbchen
Wackelaugen
für die Tischhasen:
Filzplatten (3 mm)
Perlenmaker
Knöpfe
für die Hühnchen:
Filzplatten (1 - 2 mm)
Knöpfe
Bastelwatte
für die Eier:
bunte Filzreste (1 mm)
Bastelwatte

WERKZEUG
Lineal
Buntstift oder Filzschreiber
Stecknadeln
Schere und Cutter
Lochzange
Sticknadel
Uhu extra

Die Schnitte von der CD-ROM ausdrucken, mit Stecknadeln auf Filzplatten befestigen und ausschneiden. Ungeübte können die Konturen mit Kugelschreiber oder Buntstift nachziehen. Um gleich mehrere gleiche Teile aus dünnem Filz auf einmal auszuschneiden, werden mehrere Filzplatten mit Stecknadeln zusammengesteckt. Falls die Linien nach dem Ausschneiden noch zu sehen sind, einfach die Außenseiten nach innen wenden!

ALLE SCHNITTE ZUM AUSDRUCKEN
AUF DER CD-ROM

BIENCHEN FILZINCHEN
- Filz (1 mm) doppelt legen, den Schritt für Körper und Flügel feststecken und ausschneiden.
- Filzstreifen auf beide Körperteile kleben.
- Den Rand der Körperteile mit der Lochzange (Ø 1,5 mm) stanzen.
- Die Flügel zwischen die Körperteile legen, feststecken und die Teile mit einfachen Stichen zusammennähen.
- Wackelaugen aufkleben.

GEWEBTES FILZ-KÖRBCHEN
1. Den Schnitt auf Filz (3 mm) übertragen und ausschneiden. Die Schlitze mit dem Cutter einschneiden (Lineal anlegen!) und die Ränder wie auf dem Schnitt mit der Lochzange (Ø 1,5 mm) lochen.
2. Drei lange Filzstreifen durch die Schlitze weben und die Enden mit Uhu extra festkleben.
3. Die Seitennaht zusammennähen.
4. Den Boden festnähen.

BIENEN
... gibt es schon seit etwa 80 Millionen Jahren. Man sagt, „solange Bienen leben, lebt die Erde". Deshalb müssen wir Menschen dafür sorgen, dass die Bienen gesund bleiben und genug gute Nahrung finden. In Deutschland erzeugen über eine Million Bienenvölker bei über 80 000 Imkern ungefähr 25 000 Tonnen Honig im Jahr. Für ein Kilogramm Löwenzahnhonig muss ein Bienenvolk etwa 100 000 Löwenzahnblüten anfliegen.

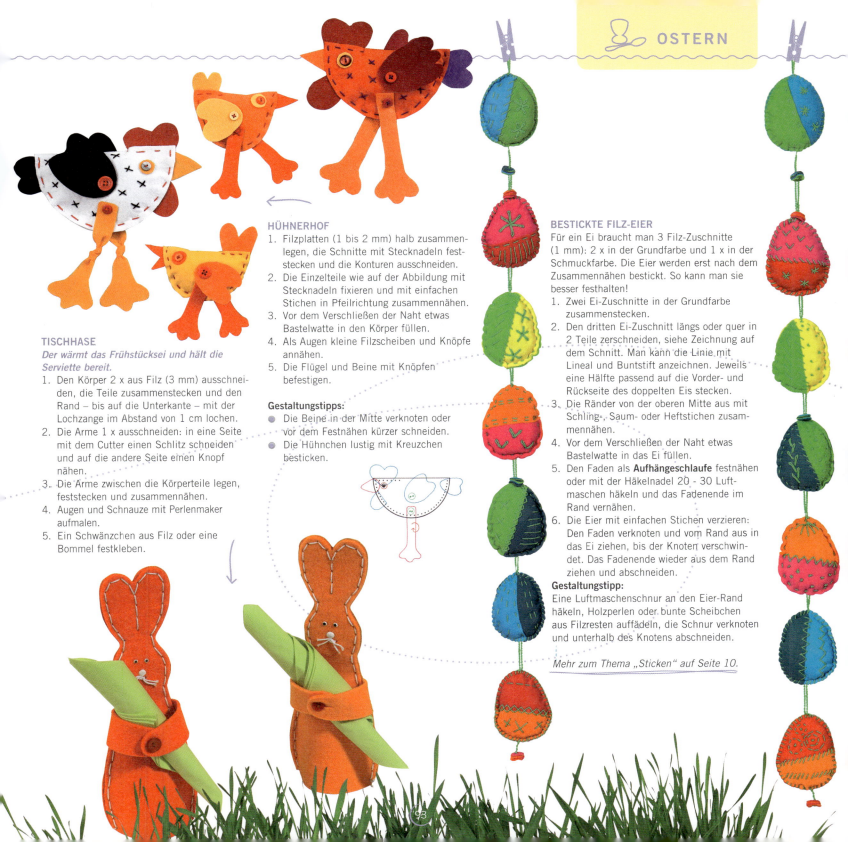

OSTERN

TISCHHASE
Der wärmt das Frühstücksei und hält die Serviette bereit.
1. Den Körper 2 x aus Filz (3 mm) ausschneiden, die Teile zusammenstecken und den Rand – bis auf die Unterkante – mit der Lochzange im Abstand von 1 cm lochen.
2. Die Arme 1 x ausschneiden: in eine Seite mit dem Cutter einen Schlitz schneiden und auf die andere Seite einen Knopf nähen.
3. Die Arme zwischen die Körperteile legen, feststecken und zusammennähen.
4. Augen und Schnauze mit Perlenmaker aufmalen.
5. Ein Schwänzchen aus Filz oder eine Bommel festkleben.

HÜHNERHOF
1. Filzplatten (1 bis 2 mm) halb zusammenlegen, die Schnitte mit Stecknadeln feststecken und die Konturen ausschneiden.
2. Die Einzelteile wie auf der Abbildung mit Stecknadeln fixieren und mit einfachen Stichen in Pfeilrichtung zusammennähen.
3. Vor dem Verschließen der Naht etwas Bastelwatte in den Körper füllen.
4. Als Augen kleine Filzscheiben und Knöpfe annähen.
5. Die Flügel und Beine mit Knöpfen befestigen.

Gestaltungstipps:
- Die Beine in der Mitte verknoten oder vor dem Festnähen kürzer schneiden.
- Die Hühnchen lustig mit Kreuzchen besticken.

BESTICKTE FILZ-EIER
Für ein Ei braucht man 3 Filz-Zuschnitte (1 mm): 2 x in der Grundfarbe und 1 x in der Schmuckfarbe. Die Eier werden erst nach dem Zusammennähen bestickt. So kann man sie besser festhalten!
1. Zwei Ei-Zuschnitte in der Grundfarbe zusammenstecken.
2. Den dritten Ei-Zuschnitt längs oder quer in 2 Teile zerschneiden, siehe Zeichnung auf dem Schnitt. Man kann die Linie mit Lineal und Buntstift anzeichnen. Jeweils eine Hälfte passend auf die Vorder- und Rückseite des doppelten Eis stecken.
3. Die Ränder von der oberen Mitte aus mit Schling-, Saum- oder Heftstichen zusammennähen.
4. Vor dem Verschließen der Naht etwas Bastelwatte in das Ei füllen.
5. Den Faden als **Aufhängeschlaufe** festnähen oder mit der Häkelnadel 20 - 30 Luftmaschen häkeln und das Fadenende im Rand vernähen.
6. Die Eier mit einfachen Stichen verzieren: Den Faden verknoten und vom Rand aus in das Ei ziehen, bis der Knoten verschwindet. Das Fadenende wieder aus dem Rand ziehen und abschneiden.

Gestaltungstipp:
Eine Luftmaschenschnur an den Eier-Rand häkeln, Holzperlen oder bunte Scheibchen aus Filzresten auffädeln, die Schnur verknoten und unterhalb des Knotens abschneiden.

Mehr zum Thema „Sticken" auf Seite 10.

Die Sachenmacher

SCHNIPPEL HIER UND SCHNIPPEL DA

Gartenkataloge und Frühlingsprospekte sind zu schade zum Wegwerfen! Man kann schöne Sachen damit basteln!

LENZ ist ein anderes Wort für Frühling. Es ist aus dem altdeutschen Wort für März „LENZING" entstanden.

FRÄULEIN LENZ

1. Einen Kopf aus Tonpapier ausschneiden, Augen, Nase und Mund aufkleben oder mit Buntstift aufmalen oder die Vorlage von der CD-ROM ausdrucken und ausschneiden.
2. Den Kopf auf blauen Fotokarton (300 g/m²) kleben.
3. Viele Blumen ausschneiden und mit Papierkleber oder Tapetenkleister um den Kopf herum aufkleben.

VORLAGE: „FRÄULEIN LENZ" ZUM AUSDRUCKEN AUF DER  -ROM

Ein Lenz-Gedicht

aus dem 13. Jahrhundert von Neidhart von Reuental, Poet und Minnesänger

*Nun will der Lenz uns grüßen,
von Mittag weht es lau;
aus allen Ecken sprießen
die Blumen rot und blau.
Draus wob die braune Heide
sich ein Gewand gar fein
und lädt im Festtagskleide
zum Maientanze ein.
Waldvöglein Lieder singen,
wie ihr sie nur begehrt;
drum auf zum frohen Springen,
die Reis´ ist Goldes wert.
Hei, unter grünen Linden
da leuchten weiße Kleid´!
heißa, nun hat uns Kinden
ein End' all Wintersleid.*

FRÜHLINGSBUCH

Den Einbanddeckel eines Spiralbuches (z. B. das Garten-Tagebuch auf Seite 25), Notizbuches oder Ordners mit ausgeschnittenen Blumen- oder Schmetterlingsbildern bekleben und mit Einbandfolie überziehen.

UNTERSETZER

Bierdeckel oder ausgeschnittene Fotokarton-Scheiben mit Beerenbildern bekleben und nach dem Trocknen mit Laminier-Folie beziehen:

- Die Untersetzer zwischen die Folie legen und mit dem nicht zu heißen Bügeleisen (Einstellung: WOLLE) von der Mitte nach außen bügeln. Blasen mit einer Stecknadel aufstechen und glatt bügeln.
- Die Rückseite genauso bügeln.
- Die Untersetzer mit reichlich Folienrand ausschneiden.
- Die überstehenden Ränder glatt bügeln und nach dem Erkalten sauber abschneiden. 2 - 3 mm sollen stehen bleiben!

OSTERN

VÖGEL, BIENEN, FROSCH UND HAS' SITZEN FROH IM Schnippel GRAS

SCHNIPPELWIESE

1. Grünen Fotokarton (300 g/m²) beliebig groß (z. B. 35 x 50 cm) zuschneiden.
2. Über die Fläche verteilt mit dem Cutter Grasbüschel-Konturen (siehe Zeichnung) einschneiden.
3. In den oberen Rand mit der Lochzange zwei Aufhänge-Löcher stanzen, Schnur durch die Löcher ziehen und verknoten.
4. Die Wiese aufhängen und viele gebastelte Papiermotive in die Wiesenschlitze stecken.

Gestaltungstipps:

- Frühlingsmotive von der CD-ROM ausdrucken und beliebig vergrößern oder verkleinern. Die gewünschten Motive aus buntem Tonpapier ausschneiden, bemalen und verzieren.
- Für Büsche und Blumen Kreise (Bierdeckel, Kaffeetasse oder Trinkglas als Schablone auflegen) auf Tonkarton zeichnen und ausschneiden. Die Scheiben bemalen oder mit Geschenkpapier bekleben.

VORLAGEN: „FRÜHLING/OSTERN" ZUM AUSDRUCKEN AUF DER CD-ROM

Die Schnippelwiese wird zur Theaterbühne: Denkt euch eine lustige Geschichte für eure selbst gebastelten Figuren aus und lasst die „Darsteller" nach und nach auf der Wiese erscheinen. Ihr könnt auch ein Märchen, ein Gedicht oder ein Lied auf der Wiese nachspielen.

... NOCH MEHR *Frühlings-* GESCHNIPPEL ...

Alle Schnitte gibt es auf der CD-ROM. Die Schnitte ausdrucken, auf passendes Papier übertragen und ausschneiden (siehe auch S. 8: „Papier").

TULPEN FÜRS FENSTER

Große Tulpen-Kette
1. Tulpenblüten und Stiele aus Fotokarton (300 g/m²) ausschneiden und mit der Lochzange lochen.
2. An jede Blüte einen Stiel kleben.
3. Die Tulpen mit Nähgarn verbinden.

Kleine Tulpen-Kette
Viele Tulpen und Grasbüschel aus Tonpapier (130 g/m²) ausschneiden, lochen und die Teile mit Nähgarn verbinden.

SCHNITTE ZUM AUSDRUCKEN
AUF DER CD-ROM

Frühlingslimonade

ZUTATEN

1 Stängel Pfefferminze
10 junge Giersch-Blätter
1 Rebe Gundermann-Blätter
1 Liter Apfelsaft
1 EL Zitronensaft
500 ml Mineralwasser

ZUBEREITUNG

1. Die Blätter waschen und abtropfen lassen.
2. Auf einem Schneidbrett mit dem Nudelholz über die Blätter rollen, damit das enthaltene ätherische Öl austreten kann.
3. Alle Blätter zusammenbinden, in den Apfelsaft legen und mindestens 3 Stunden ziehen lassen.
4. Falls nötig, abseihen! Vor dem Servieren mit Zitronensaft und Mineralwasser auffüllen.

OSTERN

Hier wird nicht geklebt, sondern genäht!

LUSTIGE FIGUREN AUS GEMUSTERTEM PAPIER
1. Den Schnitt ausdrucken, auf mehrere Lagen Motivpapier (DIN A4) legen und alle Lagen mit dem Klammerhefter fixieren.
2. Die Mitte der Motive (= gestrichelte Linie) mit der Nähmaschine abnähen und die Konturen ausschneiden.
3. Den Schnitt abtrennen und die Motivpapier-Lagen entlang der Naht abknicken und auffächern.

HASEN-GIRLANDEN
1. Dünnes Faltpapier (ca. 80 g/m²) in passende Streifen schneiden und wie eine Ziehharmonika falten:
   - **stehender Hase:** Streifenbreite 13 cm, Faltbreite 6 cm
   - **sitzender Hase:** Streifenbreite 11,5 cm, Faltbreite 10 cm
   - **Grasbüschel:** Streifenbreite 7 cm, Faltbreite 7 cm
2. Den Schnitt auflegen, die Konturen anzeichnen und ausschneiden.
3. Mehrere Streifen aneinanderkleben, bis die Girlande lang genug ist.

Die Sachenmacher

KNAUTSCH- UND PATSCH-EIER

Benutzte, aber noch saubere Alufolie nicht wegwerfen, sondern knüllen und zu Eiern formen. Die Eier sammeln und immer wieder mit Folie umwickeln, bis sie groß genug sind und die Menge für eine Bastel-Aktion ausreicht.

Verkleiden:
A: Zeitungspapierstreifen mit Tapetenkleister um die Alu-Eier drücken und glatt streichen.
B: Seidenpapier, Geschenk- oder Blumenpapier in Streifen schneiden. Das Alu-Ei mit Weißleim bestreichen (Borstenpinsel), die Papierstreifen auflegen und mit reichlich Weißleim festpinseln.
Tipp: Vor dem Verkleiden einen Schaschlikspieß in das Ei schieben. Die Spieße zum Trocknen in einen gefüllten Blumentopf (Sand oder Blumensteckmasse) stecken.
Färben: Einmal-Handschuhe (oder kleine Plastiktüten) anziehen, zwei bis drei verschiedene Farben nebeneinander in die Handfläche tropfen, das Ei hineinlegen und die Farbe um das Ei patschen.

Das macht zu zweit noch mehr Spaß: einer darf tropfen, der andere patschen!

Die sprießen, die Sprossen …

So heißen die frisch gekeimten Samen von Pflanzen. Viele sind essbar und enthalten viele Vitamine wie z. B. Getreide, Mais, Erbsen, Linsen, Rettich, Sonnenblumenkerne … Man kann sie in einem Einmachglas ziehen und deckt die Öffnung mit Mull ab. Damit die Sprossen sprießen, brauchen sie Feuchtigkeit und Wärme und am ersten Tag ein dunkles Plätzchen. Am nächsten Tag stellt man sie hell und hält sie feucht. Im Nassen wollen sie nicht liegen, sonst fangen sie an zu faulen oder zu schimmeln. Bis sie groß genug sind und geerntet werden können, müssen sie täglich mit frischem Wasser durchgespült werden. Man kann sie roh im Salat oder Quark essen oder kurz in Butter schwenken.

Den Schnitt für den
HOPPELHASEN-BLUMENVASEN-HALTER
gibt es auf der CD-ROM.
Die Teile aus Sperrholz aussägen:
- Körper (20 mm)
- Beine und Arme (8 mm) wie auf dem Schnitt bohren
- Wiese (12 mm)

Als Abstandshalter einen Rundstab (Ø 6 mm) in 3 Stücke à 3,5 cm sägen.
1. Alle Teile bemalen und verzieren.
2. Die Arme und Beine mit Rundstäben verbinden, den Hasenkörper dazwischenschieben und mit Nägeln befestigen.
3. Den Hasen mit Heißkleber in die Mitte der Wiese setzen.
4. Ein Reagenzglas zwischen Arme und Beine stecken.

KOST-FAST-NIX-IDEE

OSTERN

HOLZHENNEN
- Die Schnitte ausdrucken, auf Sperrholz-Reste (20 mm) übertragen und aussägen.
- Die Ränder mit Schleifpapier glätten.
- Die Hennen mit Bastelfarben bunt bemalen und mit Polsternägeln oder Perlenmakern verzieren.

Klemmhennen: Den Schnitt verkleinern, die Hennen aussägen (Sperrholz-Reste 12 mm) und gestalten. Kleine Holzklammern mit Holzleim an den Hühnerbauch kleben.

Stoffblumen
Die Anleitung für die Stoffblumen steht auf Seite 57: „Dauerblüher".

SCHNITTE ZUM AUSDRUCKEN
AUF DER CD-ROM

SUPER Idee!

WER IST DIE Schönste IM HÜHNERSTALL?

FRÜHLINGSWIESE IM ZIMMER
Ein Gefäß mit Erde füllen, Weizenkörner darauf verteilen, festdrücken, leicht mit Erde bedecken und mit dem Blumensprüher befeuchten. Das Gefäß auf ein Fensterbrett stellen und schön feucht halten. Dann sprießen nach ein paar Tagen schon die ersten Halme und man kann zusehen, wie sie täglich höher wachsen.

Drucker-Ei

Weil das Soft-Cut-Material so schön weich ist, kann man es mit der Schere in Formen schneiden und ganz leicht mit Linolschnitt-Werkzeug bearbeiten. Zum Drucken oder Stempeln eignet sich fast jede Farbe.

Aufzeichnen:
- Die Motive oder Muster mit Bleistift, Filzschreiber oder Kugelschreiber direkt auf die Scheiben oder ausgeschnittenen Plattenformen (z. B. Eier, Etiketten, Grasbüschel, Blumen, Herzen …) zeichnen.

Schneiden: Immer vom Körper weg schneiden und die Haltehand mit einem Schnitz-Schutz oder Lederhandschuh schützen.
- Zuerst alle Linien mit einem schmalen Hohleisen ausschneiden.
- Alle Flächen, die nicht drucken sollen, mit einem Flacheisen oder einem Geißfuß Stück für Stück herausheben.

Drucken: Den Stempel in ein Stempelkissen drücken und einen Probedruck machen. Wenn alles passt, kann die Produktion beginnen.

Die erhabenen Druckflächen einfärben:
- mit einem Stempelkissen
- mit einer Schaumgummi-Walze: Etwas Farbe auf einen Teller geben und die Walze hin und her rollen, bis sie gleichmäßig eingefärbt ist.
- mit einem weichen Borstenpinsel: Man kann die Druckflächen auch verschiedenfarbig bemalen!

Kleine Drucksachen auf das Papier stempeln.
Große Drucksachen: Die Druckplatte einfärben, einen Bogen Tonpapier auflegen und mit dem Handballen gleichmäßig mit leichtem Druck darüberstreichen.

ANHÄNGER UND EIER
Die gestempelten Motive ausschneiden und jeweils zwei passende Teile zusammenkleben.
Schmuckrand: Farbiges Papier etwas größer als die Zuschnitte ausschneiden und zwischen die Motive kleben.
- Die Anhänger laminieren und die Motive mit reichlich Folienrand großzügig ausschneiden. Die Ränder außerhalb der Motive mit der Zackenschere beschneiden und die Anhänger mit Nähgarn aufhängen.

MATERIAL
Soft-Cut-Platten (3 mm)
Soft-Cut-Scheiben (Ø 4,5 cm)

zum Drucken:
Stempelkissen
Schwammtuch oder Schaumgummiwalze
Bastelfarbe und Pinsel
Tonpapier oder Tonkarton

WERKZEUG
Bleistift, Kugelschreiber oder Filzschreiber
Permanent-Filzschreiber
Linolschnitt-Werkzeug
Schnitz-Schutz
Schere
Zackenschere

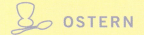
OSTERN

SUPER Idee!

Schrift-Stempel
Die gewünschte Stempelgröße ausschneiden. Den Schriftzug spiegelverkehrt aufzeichnen:
- Mit einem dunklen Buntstift auf Transparent- oder Butterbrotpapier schreiben, das Papier umgedreht auf die Stempel-Platte legen und die durchscheinenden Linien mit einem Kugelschreiber nachziehen. Jetzt ist die Schrift seitenverkehrt, aber blass auf der Platte zu sehen. Man kann sie vor dem Schneiden mit Filzschreiber nachziehen.

Radiergummi-Stempel
Motive mit Bleistift auf billige Radiergummis zeichnen und alles, was drucken soll, ausmalen. Alle nicht ausgemalten Stellen mit einem Bastelmesser aus dem Radiergummi schneiden. **Immer vom Körper weg schneiden und die Haltehand schützen!** Die Ränder gerade abschneiden, damit man den Stempel beim Drucken gut festhalten kann.

Stempelkissen selber machen
Ein feuchtes Schwammtuch auf einen Teller oder Untersetzer legen, Bastelfarbe mit einem dicken Borstenpinsel darauf verstreichen und ein paar Minuten einziehen lassen.

EIER-SCHABLONEN SIEHE
„VORLAGEN: FRÜHLING/OSTERN"
AUF DER CD-ROM

Die Sachenmacher

WAS MACHT DER HAS' AM DONNERSTAG?

In Franken und Thüringen versteckt der „Grü Hoos" schon am Gründonnerstag die Eier und legt eine Osterbrezel ins Nest. Zum Mittagessen gibt es Eierauflauf mit grünem Salat.

GESCHENKE VOM Osterhasen

Die lustigen Fülltiere werden mit vollem Bauch verschenkt …

1. Die Schnitte ausdrucken und mit Buntstift oder Filzschreiber auf Filz übertragen.
2. Die Ränder wie auf dem Schnitt mit der Lochzange (Ø 1,5 mm) lochen.
3. Die passenden Teile zusammen- und die Einzelteile festnähen.
4. Wackelaugen, Zähne und Bommel, Schnabel und Kamm aufkleben.

SUPER Idee! Man kann die Schnitte auch aus Tonkarton zuschneiden, lochen und zusammennähen!

SCHNITTE ZUM AUSDRUCKEN AUF DER CD-ROM

MATERIAL
Filzplatten (3 mm)
Baumwoll-Garn
Wackelaugen oder Augensticker
Holzperlen
Bommel
Uhu extra

WERKZEUG
Buntstift oder Filzschreiber
Schere
Zackenschere
Lochzange
Sticknadel

LUSTIGE FÜLL- UND BAUCHTIERE

*Has, Has, Osterhas,
wir möchten nicht mehr warten!
Der Krokus und das Tausendschön,
Vergissmeinnicht und Tulpe steh'n
schon lang' in unserm Garten.
Has, Has, Osterhas,
mit deinen bunten Eiern!
Der Star lugt aus dem Kasten raus.
Blühkätzchen sitzen um sein Haus.
Wann kannst du Frühling feiern?
Has, Has, Osterhas,
ich wünsche mir das Beste:
Ein großes Ei, ein kleines Ei,
dazu ein lustig Dideldumdei,
und alles in einem Neste!*

(Paula Dehmel, 1862 - 1918)

OSTERN

VASENKLEIDER *aus bunten Stoffresten*
1. Unterschiedlich breite Stoffstreifen in gewünschter Länge (z. B. 50 x 15 cm) aneinandernähen.
2. Einen Längsrand etwa 1 cm breit säumen oder mit der Zackenschere abschneiden.
3. Die Seitennaht schließen.
4. Den Boden passend rund zuschneiden, mit Stecknadeln anheften und rundherum festnähen.
5. Ein passendes Glas hineinstellen und das Kleid mit Schmuckbändern, Bast oder Filzschnüren festbinden.

Mehr zum Thema „Nähen" auf S. 10

*Spitzen-*EIERKERZEN
1. Den Rand einer Tortenspitze in Stücke schneiden.
2. Ein Stück anfeuchten und auf eine Eierkerze drücken.
3. Etwas Wachsfarbe aus einem Kerzen-Pen auf einen Teller drücken und die Farbe mit dem Finger auf die Muster tupfen.
4. Die Tortenspitze vorsichtig abziehen und die Farbe trocknen lassen.

Die Sachenmacher

GANZ NATÜRLICH MIT *Farbhölzern* FÄRBEN

Nicht nur Ostereier, auch Seide und kochfeste Baumwollstoffe (siehe CD-ROM: „Färben mit Pflanzen") kann man mit Farbhölzern (z. B. Blauholz) in Verbindung mit anderem Naturmaterial (z. B. Zwiebelschalen oder Pflanzenteilen) färben. Durch das Zusammenwirken verschiedener Färbemittel entstehen überraschende Effekte.

Die Einwickel-Technik geht ganz einfach!
1. Blumenseide knüllen und wieder ein bisschen auseinanderziehen.
2. Die Färbemittel darauf verteilen.
3. Ein Ei hineinlegen, weitere Färbemittel aufstreuen und das Papier fest um das Ei wickeln.
4. Das Päckchen mit einem Faden fest umwickeln und verknoten. Man kann stattdessen auch Gummiringe verwenden!
5. Wasser in einem großen Topf zum Kochen bringen, die Päckchen hineinlegen und mit Kochlöffeln nach unten drücken. Etwa 15 Min. lang kochen. Damit alle Päckchen mit Wasser bedeckt sind, einen Holzteller oder Topfdeckel auf die Wasseroberfläche legen.
6. Die Päckchen mit Kochlöffeln herausnehmen, zum Abkühlen in einen alten Kochtopf oder eine Schüssel legen, auswickeln und abspülen. Wegen möglicher Verfärbungen **keine emaillierten Behälter** verwenden!
7. Die Färbereste – einschließlich Papier – wandern auf den Komposthaufen, wenn man einen hat.
8. Die Eier mit Öl oder Speck einreiben und polieren, bis sie glänzen.

ZWIEBELSCHALEN

GELBHOLZ

BLAUHOLZ

SUPER Idee!

EIER FÄRBEN MIT BLÄTTERN

Kleine frisch gezupfte Blätter flach auf die gekochten Eier legen, ein Stück Nylonstrumpf darüberziehen, fest verschnüren und die Eier in ein Färbe-Bad legen. Die Päckchen wieder herausnehmen, kurz antrocknen lassen und auswickeln.

Die Anleitung für „Meister Lampe" gibt es auf S. 111.

SCHNITT ZUM AUSDRUCKEN AUF DER CD-ROM

OSTERN

Auch Seide und kochfeste Baumwollstoffe können mit der Einwickel-Technik gefärbt werden. Mehr dazu gibt es auf der CD-ROM: „Färben mit Pflanzen".

LUST ZU EXPERIMENTIEREN? WIE FÄRBT WAS?

Alles was annähernd so aussieht, als ob es färben könnte, kann man zum Blauholz in die Päckchen wickeln, z. B. **Dinge aus dem Küchenschrank:** Zwiebelschalen, verschiedene Teesorten, getrocknete Kräuter, Nelken, Pfefferkörner, Zimtstangen …

Fundstücke aus Garten und Wald:
- Blätter von Salat, Spinat, Brennnesseln, Löwenzahn …
- Früchte und Beeren
- Rinde und Erde
- verschiedene Blüten – auch von Zimmerpflanzen

FARBHÖLZER

Der **Blauholzbaum**, auch Blutholzbaum genannt, wächst in Mexiko. Sein hartes rotes, nach Veilchen riechendes Holz ist das wichtigste unter den Farbhölzern. Es wird geraspelt und getrocknet auch zum Blaufärben und zur Tintenherstellung verwendet.
Das Kernholz der **Rotholzbäume** verwendeten schon die Inka, Maya und Azteken im alten Peru und Mexiko für ihre Malereien.
Gelb färbt das Kernholz des Stamms des Färbermaulbeerbaums und wird deshalb **Gelbholz** genannt.

FÄRBEN MIT PFLANZEN
AUF DER CD -ROM

Die Sachenmacher

1, 2 UND 3 – HIER GIBT ES NOCH MEHR SCHNIPPELEI ...

KLEINE KRABBLER FÜR DEN FRÜHLINGSTISCH
kann man mit Nähgarn aufhängen, mit Holzstäbchen in Blumentöpfe stecken oder als Geschenkanhänger verwenden (siehe auch S. 114: „Herzchen").
- Lustige kleine Bienen, Käfer oder andere Figuren auf passende Tonpapier-Reste malen und mit Buntstiften und Glitter-Pens ausmalen.
- Die Konturen mit einem Perlenmaker nachziehen und nach dem Trocknen außerhalb der Perlenmaker-Kontur ausschneiden.

MOTIVE ZUM ABMALEN SIEHE
„VORLAGEN: FRÜHLING/OSTERN"
AUF DER CD-ROM

Filtertüten eignen sich toll zum Bemalen und Ausschneiden. Es gibt sie in Weiß und Braun in verschiedenen Größen.
Man kann sie nicht nur mit Farben aus dem Schulmalkasten bemalen. Alle Bastelfarben eignen sich dafür. **Aquarelleffekte:** Mit Wasser verdünnte Farben laufen auf dem Filterpapier ineinander. Nach dem Trocknen werden die Tüten zerschnitten und auf Osterkarten, Anziehhasen, Leuchtgläser (siehe S. 62: „Frühlingsleuchten") oder auf Papierlaternen (siehe Seite 124: „Frühlingsfest") geklebt.
Zum Aufkleben eignet sich Tapetenkleister, mit Wasser verdünnter Weißleim oder Serviettenlack.

SUPER Idee!

Die übrig gebliebenen Filtertüten-Schnipsel kann man auf Karten-Zuschnitte aus Tonkarton kleben.

ANZIEHHASEN
Den Schnitt von der CD-ROM ausdrucken, auf Fotokarton (300 g/m²) übertragen und ausschneiden. Das Gesicht mit Buntstift bemalen und den Körper mit bunten Papierresten bekleben oder bestempeln (siehe S. 100: „Druckerei").
Kost-fast-nix-Tipp: Die Häschen aus Verpackungskarton zuschneiden und in Rosa, Weiß oder mit der gewünschten Farbe grundieren.

OSTERN

SAMMELRAHMEN

1. Den Schnitt ausdrucken und vergrößern oder verkleinern. Die Rahmenmitte und -breite kann nach Belieben verändert werden, aber die Ecken muss man genau so einschneiden wie auf der Schnittzeichnung angegeben.
Breitere Rahmenhöhe: den Abstand zwischen den zwei Falzlinien vergrößern!
2. Den Schnitt auf Motivkarton oder selbst bemalten Fotokarton übertragen und ausschneiden.
3. Die Falzlinien mit Lineal und Cutter anritzen und die Ecken einschneiden.
4. Die mittleren Falze alle nach oben und die äußeren Falze nach außen knicken.
5. Die Ecken übereinanderschieben, festkleben oder mit Heftklammern fixieren und in Form schneiden.
6. **Aufhängen:** Garn durch die obere Mitte der Rückwand ziehen und verknoten.

Gestaltungstipp: Zacken, Wellen oder Fransen in die Rahmenränder schneiden.

SCHNITTE ZUM AUSDRUCKEN
AUF DER CD -ROM

Die Schnitte für die Schmetterlinge ausdrucken, auf bemalte Filtertüten oder Strohseide übertragen und ausschneiden. Die Flügel ein paar Millimeter neben der Mitte nach oben knicken und mit der Rückseite der Scherenklinge vorsichtig rund ziehen. Die Mitte mit Kleber bestreichen und die Schmetterlinge in die Rahmenmitte kleben.

FILTER-TULPEN

- Filtertüten bemalen und nach dem Trocknen wie auf der Abbildung zerschneiden.
- Die Blütenblätter rund übereinanderlegen, den Blütenboden mit Uhu extra zusammenkleben und trocknen lassen.
- Einen kleinen Schlitz in den Blütenboden schneiden und einen Trinkhalm hineinschieben. Eine kleine Knetmasse-Kugel als Blütenmitte auf den Trinkhalm drücken.
- Grüne Blätter mit Klebefilm am Trinkhalm befestigen.

ReSTe-VERWERTUNG

KRITZEL-SCHNIPPEL-KNÜLL-MOSAIK
Schief schnippeln erwünscht!

1. Die Vorlage von der CD-ROM ausdrucken.
2. Mit Buntstiften Muster auf Tonpapier- oder Fotokarton-Reste kritzeln und auf der Rückseite mit Lineal und Bleistift 2 cm große Kästchen-Linien ziehen.
3. Die Quadrate ausschneiden und nach der Vorlage auf eine 20 x 20 cm große Unterlage aus Holz, Pappe oder Fotokarton legen. Wenn alles passt, die Quadrate nacheinander festkleben. Das geht ganz schnell mit dem **Mosaikstein-Anheber** von Seite 27: Eine kleine Kugel aus Klebegummi auf ein Holzstäbchen oder einen Trinkhalm drücken.
   Kleine „Steine": Die Quadrate in der Mitte auseinanderschneiden!
4. **Blüten:** Seidenpapierstückchen knüllen, kleine Kugeln formen und locker nebeneinander auf die grün eingezeichneten Quadrate kleben.

VORLAGEN FÜR DAS KLEBEMOSAIK
AUF DER CD ROM

FENSTER-EIER

1. Den Eierschnitt in beliebiger Größe ausdrucken und auf Tonpapier übertragen.
2. Ein Ei ausschneiden und längs in der Mitte falten.
3. Entlang der Mitte Muster aufmalen. Beispiele zum Ausdrucken gibt es auf der CD-ROM.
4. Das Muster vom Rand aus mit einer Scherenschnittschere ausschneiden.
5. Die Faltung öffnen und festes Transparentpapier (ca. 100 g/m²) mit Fotokleber oder Klebestift auf die Rückseite kleben.

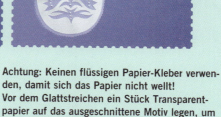

Achtung: Keinen flüssigen Papier-Kleber verwenden, damit sich das Papier nicht wellt!
Vor dem Glattstreichen ein Stück Transparentpapier auf das ausgeschnittene Motiv legen, um keine Ecken abzuknicken!

6. Das überstehende Transparentpapier mit der Wellen- oder Zackenschere beschneiden.
7. Das Ei sparsam mit weißem Perlenmaker verzieren, trocknen lassen und mit Klebegummi an die Fensterscheibe drücken.

Gestaltungstipp: Die ausgeschnittenen Reste auffalten, glatt streichen, auf einen mit Transparentpapier beklebten Eierrahmen kleben und den Rand wie oben (siehe Punkt 6) beschneiden.

VORLAGEN ZUM AUSDRUCKEN
AUF DER CD -ROM

AUF DEM HASENHÜGEL IST WAS LOS

OSTERN

Da trifft sich heute die ganze Knickhasen-Familie!

1. Spitze Dreiecke in unterschiedlichen Größen aus Faltpapier ausschneiden und mit Buntstiften bemalen.
2. Die Dreiecke längs in der Mitte falten und vom unteren Rand aus in ungleichmäßige Ziehharmonika-Falten legen.
3. Die Faltung wieder öffnen und die Mittellinie in Ohrenlänge einschneiden.

Gestaltungstipps:
- Nach dem Auseinanderfalten Wackelaugen aufkleben.
- **Fliege oder Schnurrhaare:** Etwa 1 cm vom Mittelfalz entfernt Längsschlitze einschneiden und Papierstreifen durch die Schlitze ziehen.
- **Grasbüschel:** Grünes Papier in ungleichmäßige Ziehharmonika-Falten legen, eine Seite spitz abschneiden, öffnen und aufstellen.
- **Möhre:** Oranges Papier längs falten, eine halbe Möhrenform ausschneiden, ungleichmäßig von unten nach oben falten und wieder öffnen. Möhrenkraut festkleben.

*Der **Hasenhügel** wird aus geknülltem Zeitungspapier geformt, mit Zeitungspapier eingewickelt und mit Seiden- oder Geschenkpapier und Tapetenkleister verkleidet. Dekorieren kann man mit Holzwolle, Grasbüscheln und Möhren aus Papier und anderen passenden Dingen.*

FLECHTEIER
Für jedes Ei 2 Eierrahmen und bunte Papierstreifen ausschneiden. Auf einen Rahmen ein paar Streifen kleben. Die anderen Streifen kreuz und quer einflechten. Den zweiten Rahmen auf legen und festkleben. Die überstehenden Streifenenden abschneiden.

Die Sachenmacher

WELLEN-STECKER

Dafür braucht man lange Papierstreifen (50 cm und länger), z. B. Flechtstreifen.

1. Entlang der Streifenmitte in beliebigen Abständen (je nach Motiv: 4 - 8 cm) mit einer Prickelnadel Löcher einstechen. Eine Unterlage verwenden!
2. Die Streifen auf ein Holzstäbchen z. B. Schaschlikspieß fädeln. Sind die geprickelten Löcher zu klein, kann man sie mit einer Ahle ausweiten.
3. Radieschen- und Möhrenblätter, Hasenköpfe oder Tulpen aus Papierresten doppelt ausschneiden und ein kleines Dreieck in den Falz schneiden. Das Stielende ein Stück durch das Dreieck schieben und die Motivhälften zusammenkleben.
4. **GÄNSEBLÜMCHEN, LÖWENZAHN:** Für jede Blüte 2 Kreise (Kaffeetasse, Glas oder Bierdeckel als Schablone verwenden) ausschneiden, mit Buntstiften bemalen und mit der Prickelnadel verzieren. Eine Blütenmitte mit Kleber bestreichen, das Stielende und die zweite Blüte darauflegen und festdrücken.

KARTONBEET: Einen flachen Karton bemalen oder mit Seidenpapier bekleben und die fertigen Stecker hineinstecken. Die Steckplätze mit einer Stopfnadel vorstechen.
Einen Gartenzaun aus Papierstreifen um das Kartonbeet kleben.

VÖGEL UND SCHMETTERLINGE ausschneiden, mit Buntstiften bemalen und auf einer Unterlage mit der Prickelnadel verzieren.

Noch mehr Motive zum Ausschneiden siehe CD-ROM: „Vorlagen: Frühling/Ostern".

MEIN PAPIERGÄRTCHEN

MATERIAL
Flechtstreifen (20 - 30 mm breit)
Papierreste
Holzstäbchen
Buntstifte
Bastelkleber

WERKZEUG
Schere
Prickelnadel und Unterlage
Stricknadel oder Ahle

SCHNITTE ZUM AUSDRUCKEN
AUF DER CD -ROM

OSTERN

ANLEITUNG FÜR *Holzfiguren*

1. Die Schnitte von der CD-ROM ausdrucken, beliebig vergrößern oder verkleinern und auf die Holzplatte übertragen.
2. Alle Teile aussägen und die Ränder mit Schleifpapier glätten.
3. Malkonturen mit Kohlepapier übertragen oder selbst Verzierungen mit dem Bleistift aufzeichnen.
4. Die Konturen mit dem Brennkolben einbrennen (siehe S. 6 „Gestalten mit dem Brennkolben") oder mit wasserfestem Filzschreiber nachziehen.
5. **Bemalen** (siehe auch S. 6 „Bemalen"): Acrylfarbe mit Wasser verdünnen. Je dünner die Farbe, desto leichter dringt sie in das Holz ein und wirkt so wie eine Lasur, die das Holz gleichzeitig vor Wettereinflüssen schützt. Die Brennlinien bremsen die flüssige Farbe wie Konturmittel bei der Seidenmalerei.
Sieht die Farbe nach dem Trocknen zu blass aus, kann man eine zweite Farbschicht auftragen oder mit Buntstiften übermalen.
6. **Verzieren** mit verschiedenen Effektfarben in Linerfläschchen wie Perlenmaker oder Glitterliner. Mit Schmucksteinkleber können Glitzersteinchen, Mosaiksteine, Knöpfe und andere Dinge dauerhaft aufgeklebt werden.
7. Damit **Augen** lebendig aussehen, können als Pupillen Polsternägel oder Reißzwecken eingedrückt werden.
8. **Holzschutz:** Ein Lack-Überzug macht die Holzfiguren **wetterfest** (siehe auch S. 6 „Holzbearbeitung". Auch die Ränder von Sperrholzfiguren mit **Lack** bestreichen, damit die verleimten Schichten sich im Regen nicht lösen.
- Die Figuren können auch mit Holzfett oder flüssigem Bienenwachs eingerieben werden.
9. Die Figuren **aufhängen** oder **am Zaun/ Baum befestigen:** In die Rückseite der Figur zwei Krampen einschlagen, Schnur oder Draht durch die Krampen ziehen, den Draht um die Zaunlatte oder den Baum legen und die Enden verdrehen.

Aufstellen: Einen Besenstiel oder eine Latte an die Rückseite der Figur schrauben.

MATERIAL
Holz-Platten (8 - 12 mm stark)
Schleifpapier
Acrylfarben und Pinsel
Buntstifte
Verzier-Material
Polsternägel oder Reißzwecken

WERKZEUG
Bleistift
Stichsäge
Bohrmaschine
Brennkolben oder wasserfester Filzschreiber

SCHNITTE ZUM AUSDRUCKEN AUF DER CD-ROM

Häkel-EIER

Grund-Anleitung für HÄKELEIER

Eierpopo:
1. Runde: Anschlag in Fadenring: 12 FM
2. Runde: jede 2. M verdoppeln = 18 M
3. Runde: jede 3. M verdoppeln = 24 M

Eierkopf:
In jeder Runde wird an 4 Stellen übereinander abgenommen:
11. Runde: jede 5. + 6. M zusammenhäkeln = 20 M
12. Runde: jede 4. + 5. M zusammenhäkeln = 16 M
13. Runde: jede 3. + 4. M zusammenhäkeln = 12 M
Füllwatte nachstopfen!
14. Runde: jede 2. + 3. M zusammenhäkeln = 8 M
15. Runde: jeweils 2 M zusammenhäkeln = 4 M
Den Faden über Kreuz vernähen und mit dem Fadenende Luftmaschen häkeln und zu einer Schlaufe verknoten.

MATERIAL
Baumwollgarn
(LL ca. 125 Meter)
Füllwatte
Knöpfe
Stecknadeln
WERKZEUG
Häkelnadel Nr. 2,5 - 3
Schere
Sticknadel

Für größere Eier entsprechend mehr Zunahme-, Mittelteil- und Abnahme-Runden häkeln.
Beispiel:
Eierpopo: bis **32** M zunehmen
Eierbauch: **12** Runden häkeln
Eierkopf: Die Maschenzahl durch 4 teilen:
32 : 4 = 8, also jede 7. + 8. M zusammenhäkeln, jede 6. + 7. M usw., bis nur noch 4 M übrig sind.

M = Masche
FM = feste Masche
LM = Luftmasche

RINGELEIER
Bunt geringelte **kleine** (Bauchumfang: **24** M) und **große** Eier (Bauchumfang: **32** M) häkeln und mit Füllwatte ausstopfen.
HASE: Großes Ei: 8 bis 10 Runden in einer Farbe für das Höschen, dann mit Braun weiterhäkeln.
Ohren: Anschlag: 11 LM
1. Reihe: Mit festen Maschen um die Luftmaschenkette herumhäkeln, dabei in die letzte Masche der Kette 3 FM häkeln.
Noch 2 Reihen FM häkeln, dabei an der gleichen Stelle wie in der 1. Runde 3 Maschen zunehmen.
BIENE: Kleines Ei: 4 Runden in Gelb, dann abwechselnd 2 Runden in Braun und Gelb häkeln.
Flügel: Anschlag: 16 LM
1. Runde: Mit FM um die Luftmaschenkette herum häkeln, in die erste und letzte Masche der Kette jeweils 3 FM häkeln.
- Noch 3 Runden FM häkeln und an den gleichen Stellen wie in der Vorrunde jeweils 3 Maschen zunehmen. Die Runden mit einer Kettmasche in die Luftmasche schließen.
- Die Flügelmitte mit Garn zusammenbinden und auf dem Bienenrücken festnähen.

 OSTERN

NESTHOCKER ...

Die Schnitte von der CD-ROM ausdrucken, ausschneiden, mit Stecknadeln auf Filzreste stecken und ausschneiden (siehe Anmerkung auf dem Schnitt).

Nesthocker
1. Alle Einzelteile auf dem Vorder- und Rückenteil festnähen (siehe Zeichnung auf dem Schnitt).
2. Die beiden Körperteile passend aufeinanderlegen und zusammennähen, dabei die Ohren oder den Kamm einlegen.

Fingerhühnchen
1. Zwei passende Körperhälften zusammenkleben und die Ränder mit Kleber bestreichen. Eine Öffnung für den Finger muss frei bleiben.
2. Die Körperteile aufkleben und die Hühnchen mit Filzresten verzieren.
3. **Beine:** Wolle durch den Hühnerbauch und durch die Füße ziehen und verknoten.
4. Wackelaugen aufkleben.

SCHNITTE ZUM AUSDRUCKEN
AUF DER CD-ROM

Ihr könnt die Löcher zum Nähen auch mit der Lochzange am Rand entlang einstanzen!

MATERIAL
Filzreste (2 mm)
Wackelaugen
Wollreste
WERKZEUG
Buntstift oder Filzschreiber
Schere
Stecknadeln
Stopfnadel
Uhu extra

und FINGERHÜHNCHEN

DAUERBLÜHER: NARZISSEN

1. Die Schnitte A + B auf festes Transparentpapier übertragen und ausschneiden.
2. Die Blütenblätter der Blütenmitte (B) reihum nach innen knicken.
3. Teil A + B zusammenkleben.
4. Die Blütenblätter wieder öffnen, die Mitte mit Perlenmaker verzieren und trocknen lassen.
5. Die Blüte mit Klebefilm an einen grünen Trinkhalm kleben.

MATERIAL
Faltblätter aus Transparentpapier (100 g/m²)
grüne Trinkhalme
Perlenmaker
WERKZEUG
Bleistift
Schere
Uhu extra
Klebefilm

DA GEHT DIE SONNE AUF!
Im leuchtenden Gelb der Narzissen sahen die alten Ägypter das Göttliche Strahlen. Tatsächlich hebt der Anblick der Blüten unsere Stimmung und macht uns glücklich.

SCHNITT ZUM AUSDRUCKEN
AUF DER CD-ROM

Die Sachenmacher

Herzkiste

Leuchtgläser – schnell verkleidet
Streifen aus transparenter Haftfolie zuschneiden und das Trägerpapier abziehen.
Die Folie um kleine Gläser legen und festdrücken.
Mehr über **Haftfolie** auf Seite 46: „Frühlingsfenster

MATERIAL
Sperrholz-Platten (4 mm)
Vierkant-Leiste (10 x 10 mm)
Bastelfarbe und Pinsel
Weißleim
Verziermaterial

WERKZEUG
Bleistift
Säge
Schleifpapier

Der Hingucker für den Muttertags-Tisch:

Die Herzkiste wird mit Blumentöpfchen, Teelichtgläsern oder kleinen Geschenken gefüllt.

1. Die Schnitte von der CD-ROM ausdrucken, auf Sperrholz-Platten übertragen und aussägen.
2. Die Ränder mit Schleifpapier glätten.
3. Zwei Vierkantleisten 8 cm lang absägen und bündig an den unteren Rand der schmalen Seitenwände kleben.
4. Alle Seiten bemalen und verzieren, z. B. mit Perlenmaker, Glitterliner, Schmucksteinchen, Pailletten, Mosaikstickern ...
5. Die Teile in dieser Reihenfolge zusammenbauen:
- die Außenwände zusammenstecken,
- den Boden einlegen,
- die Zwischenwände einschieben.

Die **Herzchen** kann man auf dem Frühstückstisch verteilen, aufhängen oder mit Holzstäbchen in Blumentöpfe stecken.
- Mit Buntstiften viele Herzchen auf Tonkarton (rot, rosa oder pink) malen, mit Buntstiften ausmalen und mit Glitter verzieren.
- Die Konturen mit Perlenmaker nachziehen und nach dem Trocknen ausschneiden.

MUTTERTAG

Die **kleinen Mosaikherzen** werden wie die Mosaik-Eier auf Seite 78 gebastelt. Man braucht dafür ausgesägte Herzen aus Sperrholz. Den Schnitt gibt es auf der CD-ROM.

HERZ-BILDERRAHMEN

1. Den Schnitt von der CD-ROM ausdrucken, auf Sperrholz übertragen und aussägen (siehe auch S. 6: „Holzbearbeitung"). Die Nagelpunkte mit der Prickelnadel durch den Schnitt anpieksen.
2. Die Ränder mit Schleifpapier glätten und den Rahmen bemalen.
3. Die Nägel in die angepieksten Löcher hämmern.
4. Garn um die Nägel spannen und die Enden verknoten.
5. Die beiden Aufsteller mit Holzleim bündig am unteren Rand der Rückseite befestigen.
6. Ein Foto passend zuschneiden und auf die Rückseite kleben.

SCHACHTELKÄFER UND SCHIEBEHERZ

Käseschachteln werden mit Papierresten verziert und mit einem kleinen Geschenk gefüllt. Die beweglichen Deckel werden mit der Lochzange gelocht und mit Musterbeutelklammern auf dem Schachtelrand befestigt.
Schiebeherz: 2 Herzen aus Tonkarton ausschneiden. Ein Herz auf den Schachtelboden kleben. Das andere Herz verzieren, z. B. mit Seidenpapier-Knöllchen, Perlenmakern …
Schachtelkäfer: Flügel, Kopf und Beine aus Tonkarton ausschneiden. Die Füße an den Schachtelboden kleben. Die Flügel verzieren.
Kopf: einen Mundschlitz einschneiden, Hexentreppen-Fühler und Wackelaugen aufkleben.

Willst du wissen, was drin ist? Mach doch mal die Flügel auf! Dreh das Herz im Kreis!

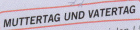

MUTTERTAG UND VATERTAG

Der Muttertag wird in vielen Ländern seit Anfang des 20. Jahrhunderts immer am 2. Sonntag im Mai gefeiert. Die Väter werden in Deutschland an Christi Himmelfahrt geehrt. Den Vatertag gibt es auf der ganzen Welt an unterschiedlichen Tagen. In Italien wird der „Josefstag" bereits am 8. März als „Festa del Papà" wie ein großes Familienfest gefeiert. In Irland gibt es schon viele Wochen vor dem „Father's Day" in allen Kaufhäusern große Tische mit Männergeschenken. In Japan heißt der Tag „chichi no hi" und in der Türkei „babalar günü".

GESCHENKE VON Herzen

Veilchen-Zucker

1. Zwei große Handvoll Märzveilchen-Blüten sammeln und in einem Sieb schütteln, bis sie sauber sind.
2. Die Blüten mit 500 g Zucker in ein großes, verschließbares Glas füllen und etwa eine Woche durchziehen lassen. Hin und wieder schütteln!
3. Die Mischung mit einem Pürier-Stab vermengen und auf einem Backblech bei ca. 80 °C trocknen. Einen Kochlöffel in die Backofentür klemmen, damit die Feuchtigkeit abziehen kann.

Habt ihr das gewusst? Wer das erste Veilchen entdeckt, darf sich etwas wünschen!

Ich weiß genau, dass ich dich mag – und nicht nur heut am Muttertag!

SCHWAMMVASE
Im feuchten **Schwammherz** bleibt die Blume frisch.
- Zwei Schwammtücher mit Stecknadeln zusammenstecken.
- Ein Herz aufmalen und ausschneiden.
- Den Rand mit der Lochzange lochen (Abstand ca. 2 cm).
- Schmuckband durch die Löcher fädeln und die Enden als Aufhänger verknoten.

Tipp: Aus den abgeschnittenen Resten kann man eine Rose wickeln.
Die Rose mit Schmuckband zusammenbinden und zwei Blätter anknoten.

VERSCHENK-SÄCKLE
Mit einem Buntstift ein schönes Herz mit Verzierungen auf ein Nesselsäckchen malen und die Konturen mit Stickgarn nachsticken (siehe auch S. 10: „Sticken").

FILZ-STIEFMÜTTERCHEN
Die Schnitte A bis D ausdrucken, auf bunte Filzreste übertragen und ausschneiden. Die Teile A, B, C und D aufeinanderlegen, in der Mitte mit der Lochzange lochen und mit einer Musterbeutelklammer verbinden.

SCHNITT ZUM AUSDRUCKEN AUF DER CD-ROM

MUTTERTAG

EIN *Myrtenzweig* FÜR DIE LIEBSTE

Nicht nur die Rose gilt als die Pflanze der Liebe, die Myrte soll – wie eine arabische Legende erzählt – direkt aus dem Paradies gewachsen sein. Auch Adam soll bei der Vertreibung aus dem Paradies einen Myrtenzweig zur Erinnerung mitgenommen haben.

Wollt ihr im Traum euren Zukünftigen sehen? Dann müsst ihr am 1. März pünktlich um Mitternacht 3 x euer Bett umrunden und danach sofort einschlafen!

VALENTINSTAG

Der Valentinstag am 14. Februar ist der offizielle Tag der Liebenden. Der Gedenktag für den Heiligen Valentin wird schon seit dem Jahr 469 gefeiert. In dem Gedicht „Parlament der Vögel" des englischen Dichters Geoffrey Chaucer (14. Jh.) versammeln sich an diesem Tag alle Vögel um die Naturgöttin, die jedem einen Partner zuteilt. Seit dem 15. Jahrhundert werden in England Valentins-Paare ausgelost, die sich kleine Gedichte oder Geschenke schicken.

HERZIGE FILZ-VERPACKUNG

Die Schnitte ausdrucken, auf Filzplatten übertragen, ausschneiden und mit der Lochzange lochen.
Blumentopf-Verkleidung: Die Seiten des Mantels mit Stickgarn zusammennähen, den Boden auflegen und annähen. Schmuckbänder durch die Löcher ziehen und ein Filz-Herz dazwischenkleben.
Herztasche: Den Steg zwischen die beiden Herzen nähen und Schmuckband als Henkel festknoten.

MATERIAL
Filz-Platten (2 mm)
Stickgarn
Schmuckband
WERKZEUG
Buntstift oder Filzschreiber
Schere
Lochzange
Heißkleber oder Uhu extra
Stopf- und Nähnadel

FILZTOPF UND HERZTASCHE

SCHNITTE ZUM AUSDRUCKEN AUF DER CD-ROM

Ein Onkel, der Gutes mitbringt, ist besser als eine Tante, die bloß Klavier spielt.
(Wilhelm Busch)

Die Sachenmacher

Darin kann man Nachrichten verstecken:
DOPPEL-HERZ *mit Geheimfach*

- Für jedes Herz braucht man 2 Zuschnitte: 1 x einfarbig, 1 x gemustert (Schnitt auf der CD-ROM).
- Die halben Herzen nach innen knicken.
- Die beiden Herzzuschnitte ineinanderschieben, die halben Herzen festkleben und schön verzieren oder beschriften.

Ich hab dich so lieb, wie der Himmel hoch ist

SCHNITT UND LIEBESSPRÜCHE
ZUM AUSSCHNEIDEN
AUF DER CD -ROM

Liebespost

„Selbst gemacht"
Die Anleitung für ganz persönliche Stempel und Geschenkanhänger steht auf Seite 100.

MUTTERTAG

KOMMT EIN VOGEL GEFLOGEN

Der fliegt nicht nur am Muttertag, nein, auch am Vatertag, am Valentinstag, am Geburtstag und immer dann, wenn er gebraucht wird.

DIE BRIEFFREUNDE

bringen selbstgebastelte Briefumschläge (Schnitt auf der CD-ROM), in denen ganz geheime Liebesnachrichten versteckt sind …

1. Die Schnitte von der CD-ROM ausdrucken, auf Sperrholz-Platten übertragen und aussägen:
- Körper und Füße (10 mm)
- Kopf, Schwanz, Flügel (4 mm)
2. Die Löcher für die Beine in den Rand bohren und die Ränder mit Schleifpapier glätten.
3. Alle Teile bemalen.
4. Eine Klammer mit der Klemme zum Schnabel hin in die Mitte der Kopf-Rückseite kleben.
5. Die Einzelteile wie auf der Abbildung an den Körper kleben.
6. Beine: Zwei Rundstäbe in den Körper und den Fuß stecken.
7. Wackelaugen aufkleben und mit Perlenmaker verzieren.
8. Eine Papier-Schleife festkleben.

BRIEFFREUNDE

MATERIAL
Sperrholz-Platten (8 und 4 mm)
Rundstäbe (Ø 5 mm)
Bastelklammern aus Holz
Acrylfarben und Pinsel
Wackelaugen
Perlenmaker
Papier-Reste

WERKZEUG
Bleistift
Säge
Bohrer
Schleifpapier
Heißkleber

Piep, piep, piep! Ich hab dich lieb!

SCHNITTE ZUM AUSDRUCKEN AUF DER CD-ROM

Die Sachenmacher

WIR FEIERN EIN *Frühlingsfest*

Endlich kann man wieder draußen feiern! Die Party macht doppelt Spaß, wenn die Dekoration gemeinsam gebastelt wird und jeder seine selbst gebastelten Sachen als Erinnerung mit nach Hause nehmen darf.

FRÜHLINGS-PARTY

MATERIAL
runde Bierdeckel,
Fotokarton
Trinkhalme
Dinge zum Verzieren
WERKZEUG
Bleistift
Schere
Lochzange

BECHERBLUME

BECHERBLUME
Kein Zutritt für lästige Mit-Trinker
1. Den Blumenschnitt ausdrucken, auf Fotokarton übertragen und ausschneiden.
2. Die Blumenmitte aufkleben, die Blume auf einen runden Bierdeckel kleben und mit der Lochzange ein Loch für den Trinkhalm einstanzen.
3. Jetzt noch den Namen daraufschreiben und schön verzieren mit Perlenmakern, Glitterlinern, Mosaikstickern, Schmucksteinchen oder anderen Dingen.

SCHNITT ZUM AUSDRUCKEN
AUF DER CD-ROM

Maibowle ohne Alkohol

ZUTATEN

1 kleines Bündel Waldmeister
150 g Zucker
2 ungespritzte Zitronen
1 Orange
1 Liter Apfelsaft
1 Liter Mineralwasser

ZUBEREITUNG

1. Die Waldmeisterstängel ein paar Zentimeter unterhalb der Blätter abschneiden. Die Blätter waschen, abtrocknen, bündeln und etwas anwelken lassen.
2. Eine Zitrone und die Orange auspressen, die andere Zitrone in Stücke schneiden und alles mit dem Zucker zum Apfelsaft geben, gut verrühren und den Waldmeister 20 - 30 Minuten lang in die Bowle legen.
3. Das Bündel herausnehmen, die Bowle kalt stellen und das Mineralwasser kurz vor dem Servieren dazugießen.

TISCHDECKE *mit Blumenstempeln*
Mit den Böden von Kunststoff-Flaschen kann man tolle Blumen auf Stoff oder Papiertischdecken stempeln. Es gibt viele verschiedene Formen.
Stempeln auf Stoff: Acrylfarben oder Stoffmalfarben (nach dem Trocknen durch Bügeln fixieren).
Stempeln auf Papier: Bastelfarben, Acrylfarben, Fingerfarben oder Riesenstempel
• Den Stoff (Papier) auf eine weiche Unterlage legen, die Flaschenböden mit Farbe bestreichen oder in Stempelkissen drücken (siehe auch S. 100: „Stempelkissen selber machen") und losstempeln. Die Böden ab und zu abwischen

BLUMENKRÄNZCHEN
Einen langen Zopf aus Krepp-Papier flechten und um den Kopf passend verknoten.
Blumen: Seidenpapier-Zuschnitte (15 x 15 cm) in der Mitte zusammendrehen, die Zipfel in Form schneiden und die Blumen reihum mit Heißkleber auf den Kranz kleben.

FALTERLINGE
Die kleinen Schmetterlinge werden genauso wie die Riesen-Flatterlinge auf S. 69 aus Faltpapier (15 x 15 cm) geknickt. Nach dem Falten noch die Flügel beschneiden und mit Papierresten, Perlenmakern oder 3-D-Linern verzieren.

FALTANLEITUNG ZUM AUSDRUCKEN
AUF DER -ROM

WIESENQUIZ
Allen Spielern wird ein Zettel auf den Rücken geklebt oder mit Wäscheklammern geklemmt. Auf den Zetteln stehen Wörter, die alle mit der Wiese zu tun haben: z. B. Storch, Frosch, Zitronenfalter, Kleeblatt, Veilchen, Regenwurm usw. Durch geschicktes Ausfragen der anderen Spieler, wie z. B. „Bin ich rot?", „Habe ich Beine?", „Rieche ich gut?", „Kann ich fliegen?", muss das Wort erraten werden. Die anderen Spieler dürfen nur mit **JA** oder **NEIN** antworten. Das kann eine Weile dauern, sodass eine Wiesenquiz-Runde in der Regel ausreicht. Wer sein Wort erraten hat, darf den Zettel abmachen lassen.

FRÜHLINGS-PARTY

FLECHTKÖRBE AUS PAPIER
Verschiedene Schnitte zum Ausdrucken und Anleitungen für die Flechtkörbe gibt es auf der CD-ROM.
Man braucht dafür Fotokarton und für die Flechtstreifen Tonkarton, Tonpapier oder Geschenkpapier, außerdem Lineal und Cutter, Schere und Bastelkleber.

Gestaltungstipps:
- Die Flechtstreifen und Körbchen-Zuschnitte vor dem Zerschneiden mit dicken Buntstiften oder Wachsmalkreide bemalen oder verschiedene Farben mit dem Schwamm auftupfen.
- Geschenkpapier in Streifen schneiden und vor dem Flechten längs in der Mitte knicken.

> **BECHER-MEMORY**
> Dafür braucht man viele gleiche Plastikbecher, z. B. sauber ausgespülte Joghurt-Becher oder Papp-Becher. Jetzt wird in jeweils 2 Becher der gleiche Inhalt gelegt, z. B. eine Veilchenblüte, ein Löwenzahnblatt, ein Haselnusskätzchen, ein rotes Tulpenblatt, ein Schneckenhaus ...
> **So wird gespielt:** Alle Becher aufstellen, vermischen und umdrehen. Reihum hebt jeder Spieler zwei Becher hoch und versucht, die passenden Inhalte zu finden. Ist das gelungen, werden die Becher aus dem Spiel genommen. Passen die Inhalte nicht, werden die Becher wieder darübergestülpt.

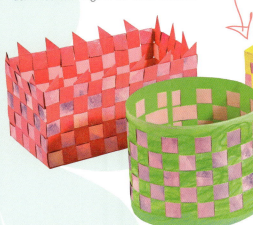

DAUERBLÜHER: TULPEN
1. Den Schnitt ausdrucken, auf Motiv-Faltblätter übertragen und ausschneiden.
2. Die Faltlinien mit einem Lineal und der Rückseite der Scherenklinge anritzen.
3. Die dreieckigen Laschen lochen und nach innen knicken.
4. Die Blüte rund formen und zusammenkleben.
5. Gummifaden durch die Laschen ziehen, einen Trinkhalm in die Blüte schieben und den Faden verknoten.

Gestaltungstipp: Auf die Außenseite der Blüten kleine Muster mit dem Perlenmaker oder Glitterliner auftupfen.

SCHNITTE ZUM AUSDRUCKEN AUF DER CD-ROM

MATERIAL
Motiv-Faltblätter (15 x 15 cm)
Trinkhalme
Gummifaden
WERKZEUG
Schere
Lineal
Lochzange
Stopfnadel
Zum Verzieren:
Perlenmaker
Glitterliner

DAUERBLÜHER: TULPEN

Die kleinen Laternen dürfen in der Farbe baden gehen:
Mit viel Wasser verdünnte Bastelfarben oder Seidenmalfarben in passende Gefäße füllen und die Laternen eintauchen, gleich wieder herausziehen, abtropfen lassen und zum Trocknen aufhängen. Beim nächsten Tauchgang wird die Laterne bis über die Hälfte und beim dritten Tauchgang nur ein kleines Stück eingetaucht.

CHAOS IM SPINNENNETZ

„Ist denn kein Mann da für Spinne Amanda?" Amanda sucht einen roten Mann. Blaue Männer mag sie nicht. Alle stellen sich in einer Reihe auf. Einer hat etwas Rotes an! Gegenüber sitzt Amanda und ruft: **„Ist denn kein Mann da für Spinne Amanda?"** Dann laufen alle los und Amanda muss sich ihren roten Mann fangen, bevor er die Ziellinie erreicht hat. Der Gefangene darf die nächste **Spinne Amanda** sein. Erschwernis: Amanda darf sich wünschen, was sie tun sollen: rennen oder hüpfen, krabbeln, auf einem Bein hopsen … Natürlich muss sie sich beim Fangen genauso bewegen.

Ich bin getaucht!

Die Laternen könnt ihr auch aufs Fensterbrett stellen und abends mit LED-Lichterketten beleuchten.

FRÜHLINGSLATERNEN

MATERIAL
Papierlaternen
Strohseide-Reste
oder bemalte Filtertüten
Weißleim

WERKZEUG
Schere
Borstenpinsel

FRÜHLINGSLATERNEN

1. Blätter und Blüten in verschiedenen Größen aus Strohseide oder aus bemaltem Filtertüten-Papier (siehe auch S. 107: „Filtertüten-Schnippelei") ausschneiden.
2. Weißleim mit etwas Wasser verdünnen.
3. Die Laterne stellenweise mit Kleber bestreichen.
4. Die Blätter und Blüten nacheinander festkleben: Zuerst die Rückseite mit Bastelkleber einpinseln, das Motiv auf die vorgestrichene Stelle drücken und mit Kleber überstreichen. Besonders die Motivränder gut festpinseln.

FRÜHLINGS-PARTY

LEUCHTTULPEN

MATERIAL
Tonkarton (220 g/m²)
Bierdeckel
Bastelkleber
Teelichte

WERKZEUG
Bleistift
Schere
Zackenschere
Prickelnadel und Unterlage
Lineal
Klammerhefter

LEUCHTSCHEIBEN

MATERIAL
Crea-Pop-Folie
Crea-Pop-Stöpsel
Strohseide
Weißleim oder Klarlack auf Wasserbasis, z. B. Serviettenlack
Lichterkette

WERKZEUG
Bierdeckel
Buntstift oder Filzschreiber
Schere
Borstenpinsel
Lochzange

Wenn es regnet, müsst ihr die Leuchtscheiben-Lichterkette ins Trockene bringen!

LEUCHTSCHEIBEN

1. Aus Crea-Pop-Folie viele Scheiben ausschneiden – einen Bierdeckel als Schablone benutzen – und jeweils eine Seite der Scheiben mit Strohseide bekleben: Die Scheibe mit verdünntem Weißleim oder Serviettenlack bestreichen, ein Stück Strohseide festdrücken und mit Leim/Lack überstreichen. Gleich Kreise, Dreiecke oder Schnipsel aus Strohseide auflegen, wieder überstreichen und die Scheiben auf einer Folienunterlage trocknen lassen.
2. Die überstehende Strohseide abschneiden.
3. Jeweils 2 Scheiben gleichzeitig mit der Lochzange lochen (siehe Abb.) und mit einem Stöpsel verbinden.
4. Die Doppelscheiben über die Birnchen einer Lichterkette schieben und mit dem zweiten Stöpsel verbinden.

LEUCHTTULPEN

1. Den Schnitt ausdrucken, auf 2 - 3 Lagen Tonpapier legen und die Ecken mit dem Klammerhefter fixieren.
2. Die Muster mit einer Prickelnadel auf einer Unterlage einstechen und die Falzlinien anritzen (Lineal anlegen).
3. Die Konturen ausschneiden und alle Falzlinien umknicken: Die Blüte rund formen und mit der Klebelasche verschließen. Die Bodenlaschen nach innen biegen.
4. Einen Bierdeckel mit grünem Tonkarton bekleben. Das überstehende Papier mit der Zackenschere am Rand entlang abschneiden.
5. Den Blütenboden auf die grüne Scheibe kleben.
6. Die Blütenblätter mit der Scherenklinge vorsichtig rund nach außen ziehen.
7. Ein Teelicht in die Blüte stellen.

SCHNITTE ZUM AUSDRUCKEN
AUF DER -ROM

Giftgrüne Wiesensuppe

ZUTATEN

2 Handvoll junge Giersch-Blätter
2 Handvoll Sauerampfer-Blätter
40 g Butter
1 Zwiebel
¼ Liter Sahne
¼ Liter Brühe
Salz und Pfeffer

ZUBEREITUNG

1. Zwiebel und Blätter klein schneiden und in Butter kurz andünsten.
2. Mit Brühe auffüllen und kurz aufkochen lassen.
3. Die Suppe pürieren.
4. Die Sahne dazugeben und mit Pfeffer und Salz abschmecken.

FESTGIRLANDE

aus bunten Faltblättern (15 x 15 cm)
- Ein Faltblatt 3 x zu einer Tüte falten und die Ränder wie auf der Zeichnung einschneiden.
- Viele Blätter zuschneiden und vorsichtig öffnen.
- Jeweils 2 Teile passend aufeinanderlegen und die Mitte mit zwei Heftklammern verbinden.
- Das nächste Blatt auflegen und die Mitte aller 4 Außenränder zusammenklammern.
- Das nächste Blatt wird wieder in der Mitte befestigt und so geht's abwechselnd weiter.

Gestaltungstipp:
Die Girlanden je nach Party-Thema oder Anlass mit Papiermotiven dekorieren: z. B. Herzen, Kronen, Buchstaben oder Zahlen mit Nähgarn aufhängen.

SCHNITT UND FALTANLEITUNG AUF DER CD-ROM

Wiesen-Dip

ZUTATEN

150 g Joghurt
150 g Sauerrahm
3 EL Olivenöl
1 klein gehackte Zwiebel
1 Handvoll heiß gewaschene und zerkleinerte Gänseblümchenblätter und -blüten
1 Handvoll gewaschene und in Streifen geschnittene Sauerampfer-Blätter
Salz, Pfeffer und Kräuter

ZUBEREITUNG

Alle Zutaten vermischen und mit Salz und Pfeffer abschmecken.
Den Dip in eine Schüssel füllen, glatt streichen und mit gewaschenen Gänseblümchenblüten garnieren.

Schmeckt mir am Besten!

FRÜHLINGS-PARTY

Spiel ich am liebsten!

ICH KOCHE EINE WIESENSUPPE

Alle Kinder ziehen eine Schürze an, nehmen einen Kochlöffel in die Hand und setzen sich im Kreis um einen großen Kochtopf. Jetzt sagt jeder reihum eine Zutat für seine Wiesensuppe, muss aber die Zutaten seiner Vorgänger vorher auch nennen:

1. Kind: Ich koche eine Wiesensuppe und tue hinein: eine Möhre …
2. Kind: Ich koche eine Wiesensuppe und tue hinein: eine Möhre und einen Liter Wasser …
3. Kind: Ich koche eine Wiesensuppe und tue hinein: eine Möhre einen Liter Wasser und ein Gänseblümchen …

So geht es reihum weiter.
Vergisst ein Spieler eine Zutat, muss er leider ausscheiden. Das Spiel ist erst aus, wenn nur noch ein Spieler übrig ist.

SCHNECKLEIN, SCHNECKLEIN …

Dafür braucht man ein kleines leeres Schneckenhaus. Alle Spieler stellen sich im Kreis auf und ein Spieler stellt sich in die Mitte. Die Spieler im Kreis singen:
**Schnecklein, Schnecklein, du musst wandern von der einen Hand zur andern.
Das ist hübsch, das ist fein, wo kann denn das Schnecklein sein?**

Dabei reichen sie das Schneckenhaus hinter ihrem Rücken von einem zum anderen weiter. Wenn das Lied aus ist, muss der Spieler in der Mitte raten, wer das Schnecklein in der Hand hält. Hat er richtig geraten, darf er seinen Platz mit dem Schneckenbesitzer tauschen.

Gänseblümchen-Wackelpudding

1. Grüne und gelbe Götterspeise kochen.
2. In Eiswürfelbehälter gewaschene Gänseblümchenköpfe legen, die Götterspeise darübergießen und kalt stellen.
3. Gelbe und grüne Würfel in kleine Schalen legen und mit Sahnehäubchen garnieren.

Wer nicht so viele Eiswürfelbehälter hat, legt die Gänseblümchen in Schalen und gießt die Götterspeise darüber.

Schmeckt toll und sieht super aus!

Die Sachenmacher

Löwenzahnsalat mit Speck

ZUTATEN

200 g frisch gepflückte Löwenzahnblätter
200 g Schinken- oder Speckwürfel
2 hart gekochte Eier
2 EL Himbeer-Essig
Salz und Pfeffer

ZUBEREITUNG

1. Die Löwenzahnblätter in Salz- und Essigwasser waschen und abtropfen lassen.
2. Die Schinken- oder Speckwürfel auslassen und bräunen und über den Salat geben.
3. Den Bratensatz mit Himbeer-Essig lösen, etwas einkochen lassen und den Salat damit beträufeln.
4. Mit Salz und Pfeffer würzen.
5. Die hart gekochten Eier klein schneiden und auf den Salat streuen.

DER LÖWENZAHN

... ist die einzige Pflanze, die mehr als 500 Namen hat: z. B. Pusteblume, Pfaffenkopf, Saurüssel und Hahnenspeck, Brummer, Kuhblume, Bettpisser, Pappenstiel und Eierkraut ...

- Von den Blüten ernähren sich Insekten, Schafe, Pferde und Kühe.
- Die jungen Blätter schmecken gut in Salaten, Kräuterquark oder einer Wiesensuppe.
- Aus den getrockneten Wurzeln kann man ein kaffeeähnliches Getränk zubereiten und aus den Stängeln Pfeifen und Ketten basteln.

Wenn die gelben Blüten verblüht sind, wird aus dem Löwenzahn die **Pusteblume**.

Orakelblume:
- Ist nach dem Auspusten der Fruchtboden weiß, kommt man in den Himmel, ist er schwarz, muss man in der Hölle schmoren.
- Wer alle Fallschirmchen auf einmal wegpusten kann, ist ein Glückskind.

Wunschblume: Wem es gelingt, alle Fallschirmchen mit 3 x Pusten wegzublasen, dem werden alle Wünsche in Erfüllung gehen.

Löwenzahn-Quark

Etwa 100 g junge Löwenzahnblätter waschen, abtropfen lassen und sehr klein schneiden. 200 g Speisequark mit 1 EL Sahne und 1 EL Sojasoße verrühren, mit Salz und Pfeffer abschmecken und die Löwenzahnblätter darunterheben.
Frisch gehackte Kräuter darüberstreuen.

LÖWENZAHN-PFEIFE

Ein etwa 5 cm langes Stück Löwenzahnstängel abzwicken und ein Ende flach drücken. Das ist das Mundstück. Je nachdem, wie stark hineingeblasen wird, entstehen unterschiedliche Töne.

LÖWENZAHN-KETTE

Dafür braucht man gleich lange Stängel: Ein Stück zum Ring biegen. Das dünnere Ende in das dickere schieben. Den nächsten Stängel in den Ring legen und zusammenstecken, dann den nächsten – und immer so weiter, bis die Kette lang genug ist.

IN DIESER REIHE SIND BEREITS ERSCHIENEN:

Band I

Die Sachenmacher-Bastelwerkstatt
Buch + CD-ROM
ISBN 978-3-9811077-6-0
Bestell-Nr.: 076-804

Band II

Die Sachenmacher-Bastelwerkstatt
Buch + CD-ROM
ISBN 978-3-9811077-5-3
Bestell-Nr.: 077-915

Weihnachts-werkstatt

Die Sachenmacher-Weihnachtswerkstatt
Buch + CD-ROM
ISBN 978-3-9811077-7-7
Bestell-Nr.: 076-802

Herbst-werkstatt

Die Sachenmacher-Herbstwerkstatt
Buch + CD-ROM
ISBN 978-3-9397761-0-9
Bestell-Nr.: 636-779

Kinder-Feste

Die Sachenmacher: Ideenbuch Kinderfeste
Buch + CD-ROM
ISBN 978-3-941805-38-5
Bestell-Nr.: 070383

DAS ENTHÄLT DIE BEILIEGENDE CD-ROM:

Wichtiges und Wissenswertes zu folgenden Themen:

1. Holzbearbeitung
2. Farben machen
3. Färben mit Pflanzen
4. Malen
5. Modellieren
6. Mosaik
7. Flechten
8. Sticken
9. Kleiner Häkelkurs
10. Filzen
11. Tipps für kleine Gärtner
12. Frühlings-Memory
13. Vorlagen: Frühling/Ostern
14. Alle Schnitte und Bastelspicker zum Ausdrucken

Katalog für kreative Sachenmacher anfordern!

Die in diesem Bastelbuch verwendeten Materialien können Sie bestellen bei:

96475 Bad Rodach
Fon: 01805 2 4 6 8 10

www.jako-o.de

Wehrfritz

August-Grosch-Straße 28 - 38
97476 Bad Rodach
E-Mail: service@wehrfritz.de, service@wehrfritz.at
www.wehrfritz.com
Bestell-Hotline Deutschland: 0800 8827773
Bestell-Hotline Österreich: 0800 8809400